倭の七王

文理融合から解く古市・百舌鳥古墳群

住谷 善愼

青垣出版

はしがき

　このタイトルを見て、「アレッ、七王？　倭の五王じゃないの？　七王だなんて、著者は一体、何いってるんだ？」と思わずつぶやかれたあなた。すでに、奥深い古代史の謎の扉の前に立っている。

　世上、「倭の五王」の時代は、「謎の5世紀」と称され、大勢の人の興味を引きつけている。特に、話題になる謎は次のようなものであろうか。
・倭の五王とは誰か？
・倭の五王は『日本書紀』に記されているのか？
・倭の五王の古墳はどれか？
・応神は実在したか？
・武内宿禰、葛城襲津彦は実在したか？
・仁徳天皇陵は誰の墓か？
・誉田御廟山古墳は応神の墓か？
・応神と仁徳は同一人物では？
・なぜ古市と百舌鳥を王権が行き来したのか？
・古市・百舌鳥古墳群の個々の古墳の築造年代はいつか？
・后妃墓、皇子女墓はどれか？
・5世紀とはどのような時代だったのか？
などなど、枚挙にいとまがない。誰しも脳みそにジンジンくる謎であろう。
　しかし、いまだ解明にいたらず、誰も答えを手にしていない。
　私自身は、書籍などで「倭の五王」を見聞きはしていた。しかし、そのうちに本当に五王でいいのだろうか？　という素朴な疑問を持ち始めた。何度も自問自答しながら私自身の出発点、つまり、立ち位置をはっきりと認識したのである。そして、私はいつしか扉の向うの実相の世界を見たいと思い、多くの手ごわそうな謎解きに静かな闘志を燃やした。

さて、本書でとりあげる謎は２つである。

　第１は通説的に「倭の五王」と称される『宋書』が記す讃・珍・済・興・武は『日本書紀』のどの大王なのか。

　第２は五王の古墳はどれか。

　そして、この２つの謎を明快に解くことである。

　解くに際しては、あくまで比定ではあるが、その比定手法は平たく言えば、左手に文献史料（言葉、概念、ソフト）、右手に考古資料（実体、物、ハード）この両者の１：１対応をピン ポイントでとることである。これが、私の比定の基本コンセプトである。というのも、文献だけの情報で、例えば、卑弥呼の古墳がどれだかわかるだろうか？　神武や応神や仁徳や雄略の古墳がどれだかわかるだろうか？　例えば、丹波氏、吉備氏、上毛野氏など有力豪族の系譜が伝えられているが、この人物名や係累だけから、その古墳を比定できるだろうか？　あるいは、逆に、考古だけの知見で桜井茶臼山古墳や誉田御廟山古墳や土師ニサンザイ古墳の被葬者は誰かということがわかるだろうか？　精緻な航空写真を分析して、豊富な考古知見をもってして、この情報だけから古墳の被葬者が誰か比定できるだろうか？　こうした双方の限界を認識したうえで、しからばどうすれば比定の確度・精度を高めることができるのだろうか？　できることは何なのだろうか？ここが私の比定の出発点である。

　平たく言えば、的を得たうえで精度を高める比定である。幸い、現代の我々は、どちらか一方に偏ることなく、ごく普通に両方の貴重な知見や情報や現物にアクセスすることができる。（無論、情報とする以上、その精査は不可欠であることは言を俟たない）。両方の知見を有効に活用することが古代史の謎を解く重要な手立ての１つと認識している。

　本書の構成は次の３部からなる。

　第１部：「人物」；史料として『宋書』からよみとれる倭の大王達の外交事跡から人物を比定する。そして、『日本書紀』（以下、「紀」）のどの天皇に比定できるか述べる。さらに、中国正史の１つである『宋書』などに記

す系譜と記紀の系譜から通説の記紀に示す系譜とは異なる新しい系譜を得る。

　また、「倭の七王」を基に、「紀」が記す初代神武から持統天皇までの在位年数をグラフ化し、それに「倭の七王」による在位年数を併記したグラフを作図した。これは各大王の実年代が明確になる重要な指標となる。多言を要しない一目瞭然の１枚のグラフである。敢えて補論－２に抽出しているので、じっくりと眼にしていただきたい。

　第２部：「古墳」；実体としては古市古墳群と百舌鳥古墳群の２群に所在する古墳に着目し、個々の大王墓の規模（墳丘長など）、立地環境、出土遺物、陪冢、など特徴を明確にする。

　第３部：「人物」と「古墳」の対応；大王と古墳の比定に際しては、いきなり決め打ちをしないで、相互に複数の候補をたてる。そして、最終的に１：１の対応を目指し、絞込む。比定を進めるには多くの情報の中から必須と考える属性を抽出することから始まる。

　まず、人物に関しては大王順や后妃・皇子女などの係累などの属性を重視し、時間軸上の新旧に乗せる（平たく言うと、編年である）。次に、古墳については大王墓と思しき候補の時間軸上の新旧（編年観）、規模（墳丘長など）、立地環境、出土遺物（特に、考古遺物の指標的資料、例えば埴輪の有黒斑・無黒斑、土師器編年、武具・武器）、陪冢などの属性を反映して、比定を進める。候補が出そろった時点で、合理的に絞込みを掛け、最終的には１：１対応となる比定をめざす。

　その３つのエリア（領域）を貫く一連の骨格は以下である。

　『宋書』倭国伝＆皇帝本紀 ⇔ 『日本書紀』に記す大王・后妃 ⇔ 古市・百舌鳥古墳群

　この３つの内、どの１つを欠いても比定が進まないことは自明である。しいて言えば、三位一体である。

　最後に７つの補論を述べる。「だから何なの？」という視点から「倭の

七王」を前提にした場合の、主に４００年代前後の興味深い文献あるいは考古上の課題について、理工系の視点やロジック（論理）の観点に基づき新しい歴史像を描いたものである。通説もさることながら、より明快な１つの歴史像を形成できたものと自負する。

　私自身は文系領域である歴史学、文献史学、言語学や考古学に通じているわけでもなんでもない、ごく普通の技術者である。これらの謎を解くためにはどうアプローチすればいいだろう？　被葬者とその古墳築造順（編年）を比定するためには何をどうすればいいのか？　今の私に出来ることは何か、どうすれば最善の解（ベスト　チョイス）を探ることができるのか、私が持つ鍵は何か、といったことなどを念頭に置いた。そして、何度も絵を描いては消し、また、描き、自問自答を繰り返しながら試行錯誤（トライ＆エラー）を経ての話である。

　さて、謎を解く根原は、皆さんご自身が歴史に対して肌身で実感する"素朴な疑問"と独自に培われてきた遅しく貴重な経験やロジックに基づく判断力である。あの本にはそう書いている、あの時の授業ではこう教わった、現地を探索し現物を見た、などの学習・体験もさることながら、取ってつけたような話が多いステレオタイプな歴史像や固定観念に縛られていない、筋の通った古代史に耳を傾けていただきたい。

　話の枕はここまでとしよう。本書で対象とする４００年代、『日本書紀』による大王紀は１５代応神天皇からから２５代武烈天皇までの１１人となる。取組むべきは皇后・妃を含めてもその数、３倍としてザックリ５０人程度である。幸いなことに何百、何千という人物を対象にするわけではない。再言すると大王数は１１人である。以上でも以下でもない。なお、以降、私が本書で用いる人物、地名、古墳群、古墳等の名称については一般的な通例であり、『日本書紀』を「紀」、天皇ではなく大王、時に代数は⑮などで記すことをおことわりする。また、古墳の概要（墳丘長、築造年代観、出土物など）は堺市 HP、羽曳野市 HP、藤井寺市 HP、他自治体 HP、発掘調査報告書、現地説明版、各種ブログなどを参考とした。

目次

第1部：大王の比定 『宋書』対「紀」

1. 『宋書』倭国伝に記す五王だけでいいのか？

　まず、基本史料である中国正史の1つ、『宋書』倭国伝には「倭の五王」とされる讃・珍・済・興・武の五王が登場し、その事跡が記されている。

　ぜひ、（ⅰ）『魏志倭人伝・後漢書倭伝・宋書倭国伝・隋書倭国伝』 中国正史日本伝(1)　石原道博編訳（岩波文庫）を手にとり、じっくりと紐解いていただきたい。

　さらに、（ⅱ）『古代を考える日本と朝鮮』武田幸男編（吉川弘文館）に外交事跡としてまとめられている第1表「倭の五王の対中国外交表」（カッコ内は推定)を基に「倭の七王」の比定を進めた。出発点はこの2点だけである。

　この（ⅰ）『宋書』倭国伝と（ⅱ）の第1表から倭国が南朝に朝貢した13事跡が記されていることがわかる。うち、『宋書』からは10事跡が記されている。以下に、上述（ⅱ）の第1表から要点を下記に抜書きする。（除正の官爵などの細部は割愛する）。

	年次	王名	王朝	内容	爵号
①	413年	（欠）	東晋	遣使	
②	421年	讃	宋	遣使（受爵）	（安東将軍、倭国王）
③	425年	讃	宋	遣使	
④	430年	（欠）	宋	遣使	
⑤	438年	珍	宋	遣使・受爵	自称：使持節、都督倭・百済・新羅・・・
					除正：安東将軍、倭国王
⑥	443年	済	宋	遣使・受爵	安東将軍、倭国王
⑦	451年	済	宋	遣使・受爵	使持節、都督倭・新羅・任那・加羅・・・

⑧	４６０年	（欠）	宋	遣使	
⑨	４６２年	興	宋	遣使・受爵	安東将軍、倭国王
⑩	４７７年	（欠）	宋	遣使	
⑪	４７８年	武	宋	遣使・受爵	自称：使持節、都督倭・百済・新羅・任那・加羅・秦韓・慕韓七国諸軍事、・・
					除正：使持節、都督倭・新羅・任那・・・
					六国諸軍事、安東大将軍、倭王
⑫	４７９年	武	南斉	受爵	使持節、都督倭・新羅・任那・加羅・・・
⑬	５０２年	武	梁	受爵	（使持節、都督倭・新羅・任那・加羅・・・

　ここで、王名が（欠）と記される④、⑧、⑩の３つの事跡に注目していただきたい。（欠）とは記すが果たして、一体、誰だろうか？　疑問がフツフツである。

　さらに、この（欠）に迫るべく、別資料として（ⅲ）表1「中国史書にみる倭の五王」(p.238)が掲載されている田中史生著「倭の五王と列島支配」『日本の歴史　第1巻　原始・古代1』大津、桜井、藤井、吉田、李[編]（岩波書店）を参照すると、上述(ⅱ)の第1表の（欠）については、次のことがわかる。

	西暦	朝貢の主語	出典
④	４３０年	倭国王	『宋書』文帝紀
⑧	４６０年	倭国	『宋書』孝武帝紀
⑩	４７７年	倭国	『宋書』順帝紀

　ここで、実際には『宋書』倭国伝に記される讃・珍・済・興・武の五王の他に、『宋書』皇帝本紀には、他に具体的な漢字１文字で記されていない倭国王、倭国、倭国を主語とする３つの事跡が記されていることがわかる。当然、これらの朝貢主体は人物である大王である。これが最大の要諦である。

　ＡＤ４３０倭国王、　　ＡＤ４６０倭国、　　ＡＤ４７７倭国

しからば、単純に４３０年の「倭国王」とは具体的に誰なのか？　「紀」に登場するとすれば誰なのか？　どうすれば解明できるのか？

（なお、現時点では、最初に記される①ＡＤ４１３年事跡は大王名が『晋書』安帝紀には「倭国」、『南史』倭国伝には「倭王讃」、『梁書』倭伝には「讃」と記され不統一なことと最後に記される『梁書』武帝紀の「武」〈ＡＤ５０２〉は雄略ではなく２５代武烈に比定するので、とりいそぎは省いておく）。

２．大王の比定

　次に、上記１．に示す各年代に朝貢した大王が具体的に誰なのか、という比定に入る。当然、朝貢主体は人物たる倭王だが名前が不詳なのでこれらを？１、？２、？３と置いてみよう。

　④：？１は具体的に誰の可能性があるだろうか？

　☞讃、珍、あるいは、讃でも珍でもない？１の３人のいずれか

　⑧：？２は具体的に誰の可能性があるだろうか？

　☞済、興、あるいは、済でも興でもない？２の３人のいずれか

　⑩：？３は具体的に誰の可能性があるだろうか？

　☞興、武、あるいは、興でも武でもない？３の３人のいずれか

となる。

　ここで、「紀」を『宋書』同様、紐解いてみよう。

　すると、⑩の？３については、「紀」に記す代数と大王名を史実とし、通説としても確度の高い「武」＝２１代雄略、「興」＝２０代安康とすると？３なる大王は武もしくは興となる。

　なぜなら⑳安康と㉑雄略との間に大王は実在しないためである。例えば、２０.８３代とか２０.６代など端数のつく代順を持つ大王などありえないからである。（以降、大王名に冠する ○ 内数字は代数を示す）つまり、？３は消すことができて、興か武とする２通りとなることがわかる。

　ここで、？１、？２、？３を考慮すると考えられる可能な大王の組合せが４３０年は３通り、４６０年は３通り、４７７年は２通りとなるので、

可能な組合せの数は全部で３×３×２＝１８通りとなる。
以上の要点をまとめる（図１）。

図１　１８通りの可能な組合せ

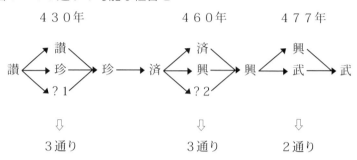

４３０年　　　　　　　４６０年　　　　　　４７７年

３通り　　　　　　　３通り　　　　　　　２通り

　即ち、求める組合せは、全部で　３×３×２＝１８通りとなる。泣いて
も笑ってもこの１８通りの中のたった１つの組合せなのである。
これらを表１にまとめる。

表１　１８通りの組合せ

年　次	413	430				460		477	478	大王
可能な組合せ	讃		珍	済			興		武	数
①	讃	讃	珍	済	済	興	興		武	5
②	讃	讃	珍	済	済	興	武		武	5
③	讃	讃	珍	済	？２	興	興		武	6
④	讃	讃	珍	済	？２	興	武		武	6
⑤	讃	讃	珍	済	興	興	興		武	5
⑥	讃	讃	珍	済	興	興	武		武	5
⑦	讃	？１	珍	済	済	興	興		武	6
⑧	讃	？１	珍	済	済	興	武		武	6
⑨	讃	？１	珍	済	？２	興	興		武	7
⑩	讃	？１	珍	済	？２	興	武		武	7
⑪	讃	？１	珍	済	興	興	興		武	6
⑫	讃	？１	珍	済	興	興	武		武	6

⑬	讃	珍	珍	済	済	興	興	武	5
⑭	讃	珍	珍	済	済	興	武	武	5
⑮	讃	珍	珍	済	？2	興	興	武	6
⑯	讃	珍	珍	済	？2	興	武	武	6
⑰	讃	珍	珍	済	興	興	興	武	5
⑱	讃	珍	珍	済	興	興	武	武	5

　ここで、右端蘭の大王数に注目すると、五王の場合が8通り、六王の場合が8通り、七王が2通りであることがわかる。八王以上はない。再言すると五王、六王、七王の場合しかとり得ないのである。

3．「紀」の大王との対応

　次に、『宋書』の人物と「紀」に記す大王との対応をとる。

　まず、1つの傍証として、文献上での『宋書』にいう漢字1文字の大王名である讃から順次書き込み対応させた。その下列には「紀」にいう大王名の漢風諡号の漢字2文字目を並べる。なんとなく、両者の漢字の「音」（オン）が似ていることにお気づきだろうか？　例えば、「コウ」と「コウ」、「チン」と「チュン」、「サン」と「シン」などである。

　ここで、十分に比定の指標（BM）たりうる武＝㉑雄略、興＝⑳安康を固定して逆順に素直にボタンを掛け違えることなく、代数を順に遡って対応させていくと、讃＝⑮応神までの下記の対応列を得る。


```
『宋書』　；A列；讃　　？1　　珍　　済　　？2　　興　　武
「紀」　　；B列；神　（徳）　中　　正　（恭）　康　　略
　　「紀」の代順：⑮　　⑯　　⑰　　⑱　　⑲　　⑳　　㉑
```


　これで、過不足なく1：1で「七王」として「紀」に記す大王に対応す

る結果を得る。最終的には下に示す対応となる。

倭の七王	讃	？1	珍	済	？2	興	武
	⇕	⇕	⇕	⇕	⇕	⇕	⇕
「紀」	応神	仁徳	履中	反正	允恭	安康	雄略

　ここで、七王の場合が上述の表1の⑨と⑩の2ケースであることがわかる。このうち、477年に朝貢したのは『宋書』から武だと分かるので、結果として⑩が最も合理的な組合せの「倭の七王」となるのである。

　しかし、話はこれで終わったわけではない。さらに重要な知見が得られるのである。
　1つは後述するように、記紀とは異なる大王系譜が得られることであり、さらに、『宋書』から各大王の即位年と退位年が明確に求まることである。

4．倭の七王の系譜

この「倭の七王」こそが私の武器なのである。この王統譜については『宋書』漢字565文字から系譜の構造（ストラクチュアー）を抽出しようとした結果である。
　まず、基本としては記紀による系譜（図2）をベースにして考える。
図2　記紀による系譜

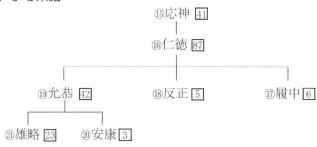

※大王名の右横□内数字は在位年数を示す

　この系譜を「倭の七王」で明らかになった漢字1字の大王名に置き換えて系譜案−1（図3）を得る。

図3　系譜案−1；記紀

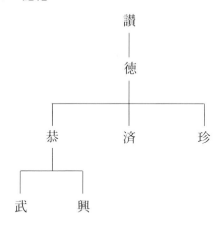

　ここで、次に、『宋書』と『梁書』が示す系譜を図4に示す。

図4　宋書と梁書の系譜

［宋書］　　　　　　　　　　　　　　　　　　　　　　　［梁書］

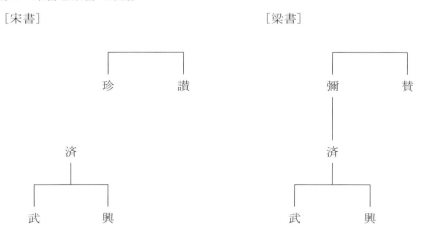

ただし、『宋書』では讃・珍と済の系譜上の繋がり（≒続柄）は不明である。

ここで『宋書』にいう系譜上の3つの条件
・珍は讃の弟である

・興は済の世子である

・武は興の弟である

と『梁書』の系譜を、極力、系譜案－1にこわさずに適用すると、系譜案
－2（図5）となる。

図5　系譜案－2

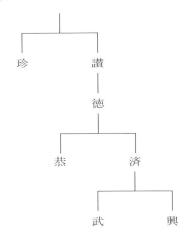

この系譜を「紀」の大王名に復元すると、最終的な系譜は図6となる。

図6　倭の七王による新大王系譜

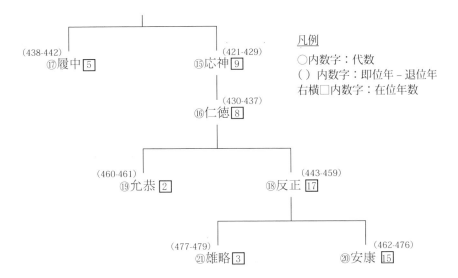

　なお、『宋書』の系譜では讃、珍と済、興、武の２系統につき相互の繋がりが不明なので、異なる王朝の出自だとか、あるいは、この２系統の大王達は対立していたとする説も見受けられる。例えば、『宋書』の系譜でその繋がりを記さないのは、おそらく、系譜案－２において、済から見て、祖父讃の弟にあたる適切な呼び名がなかったことに由来するのではないだろうか？　早い話が、呼びようがなかったのである（現代では祖父の弟を「叔祖父〈おおおじ〉」と呼ぶとのこと）。『梁書』の系譜に記される「彌」については、梁書の成立過程をみると、６２９年（貞観３年）に、陳（南朝最後の王朝、５５７年－５８９年）の姚察の遺志を継いで、その息子の姚思廉が成立させたとする。従って、４００年代初期の倭王の系譜を適切に語っているのか疑問が残る。仮に仁徳＝彌だと認識していたとしても、賛（＝讃＝応神）の弟に系譜したことは誤認といえよう。こうして大王の代替わり毎に律義に宗主国「宋」に朝貢したとすれば記紀によらない新しい大王系譜が得られるのである。

　また、補論－２に大王在位年数をグラフに表にしているので、参照いただけると幸いである。

5.　結果

　『宋書』に記す朝貢主体としての倭の五王、倭国王、倭国と「紀」に記す大王との対応比定により得た結果を以下に示す。

　讃＝⑮応神、倭国王＝⑯仁徳、珍＝⑰履中、済＝⑱反正、倭国＝⑲允恭、興＝⑳安康、武＝㉑雄略となる。

　そして、大王の代替わりの都度、朝貢したとして、これら七王の系譜、即位年と退位年（在位年次と年数）が合理的に得られるのである。そして、記紀の系譜とは異なる新しい系譜を得たことになる。この差異をしっかりと読み取っていただけると幸いである。

第2部：古市・百舌鳥古墳群

1．大王墓と古墳群

まず予備知識として、以下の2項目につき概観しておこう。

（1）大王墓

　大王墓はいずれも巨大古墳であり、邪馬台国、大和由来の大王政権から「倭の七王」、さらには武烈までが埋葬されている考古学的に貴重な遺跡である。著名なものには箸墓古墳、西殿塚古墳、桜井茶臼山古墳、行燈山古墳、五社神古墳、佐紀陵山古墳、誉田御廟山古墳、大山古墳、上石津ミサンザイ古墳（百舌鳥陵山）などがあげられている。いずれも古墳とはいえ個性豊かな造りである。だからといって、テンデバラバラで好き勝手に設計・築造されているわけではない。規制させるべき要素は規制され、継承されるべき要素はきちんと継承されていることが分かる。なお、本書では大王墓のみというわけではなく、皇后、妃、皇子女、豪族の首長などの古墳もとりあげた。

　しからば、何をもって大王墓とするか？　立地、墳形、規模、周濠、築造方法、石室構造、出土品、陪塚、史料、伝承などを根拠とした学術的な定義もあるだろうし、総合判断された結果もあろう。私は墳丘長（平たく言えば、古墳の長さ）を一つの重要な尺度とした。この物理値であれば、議論の対象として不足はない。単純に大王墓であれば大きくて長いだろう、という発想である。ただ、ここでは通有されている定義を墳丘長とする。

　古代王朝は列島の倭国に限らず、大陸・半島諸王朝でも皇帝・大王はそれなりに大きい古墳に埋葬されたであろう。もっとも、例えば、A古墳

から出土した銅鏡、甲冑、刀剣、馬具、長持形石棺、埴輪、須恵器、土師器等々につき考古学的学術調査研究の成果が豊富にまとめられている。これらの知見をもとに、「これこそＡ大王の決定的証拠である、だからこれはＡ大王の古墳である。」と、立論するのは私に限らず、なかなか難しい事なのである。そういった意味で、くどいようだが、あくまで比定である。

（2）古墳群

　日本史の時代区分上、弥生時代と飛鳥時代の間を古墳時代と呼んでいる。一般的に教科書等では、古墳時代は３世紀半ば過ぎから７世紀末頃までのザックリ４００年間を指すことが多い。中でも３世紀半ば過ぎから６世紀末までは、前方後円墳が東北地方から九州地方の南部まで築造が続いた時代であり、前方後円墳の時代と呼ばれることもある。

　本書が対象とする４００年代は「倭の五王」に代表される「謎の５世紀」とよばれている。いずれも倭国に大王が君臨した時代でもある。大王とは王の中の王である。

　こうした倭国の大王達が埋葬された古墳が巨大前方後円墳である。幸いにして、それらが時代によってある地域にまとまって築造されている。現実には、これらの大王墓の近在に中・小規模古墳を築造していたり、いくつかの陪塚を併存させたり、ひとつの大きな群を形成している。これらを古墳群と呼んでいる。近畿では主なものに大和・柳本古墳群、佐紀古墳群、古市・百舌鳥古墳群、馬見古墳群、三島古墳群などがあり、いずれも大和、河内、和泉、摂津など近畿に所在している（例えば古墳分布図は「ヤマト・河内の古墳分布図（白石太一郎氏による）」　日本の歴史０３　『大王から天皇へ』　熊谷公男　講談社　ｐ９０参照）。

　そして、大王権を有する政権の変遷とともに、それらの大王墓築造地も考古学的知見によると大和・柳本古墳群（以降、奈良盆地東南部古墳群と呼ぶ）⇒ 佐紀古墳群 ⇒ 古市・百舌鳥古墳群へと移動したといわれる。

　ちなみに、現在、日本各地に所在する古墳の数は大小とりまぜて

１６１，５６０基。うち、前方後円墳は約５，２００基。墳丘長２００ｍ級以上の前方後円墳数は３８基。所在の多い上位は、兵庫県１６，５７７基、千葉県１３，１１２基、鳥取県１３，０９４基、福岡県１１，３１１基、京都府１１，３１０基とのことである。また、全長１００ｍ級以上の巨大古墳は全国で１３７基分布しているといわれる。

　古墳というものを知るには墳丘長がすべてではないが、近畿地方に墳丘長２００ｍ以上のものが何基あると思いますか？　なんと、この近畿地方の４古墳群だけで２００ｍ以上級の巨大前方後円墳２４基が所在する。

　これらにどの大王が埋葬されているのか？　古代史ファンならずとも誰しもこの謎の答えを知りたくなり、ワクワクするのではなかろうか？

２．古市・百舌鳥古墳群　７基＋４基

　本章は、本来、古市古墳群と百舌鳥古墳群に分けて述べるべきであるが、謎を解く上で一緒にしたほうが理解しやすいので、敢えて分けないで扱うことをお断りする。

　例によって、古市・百舌鳥古墳群の概要から入ろう。

　古市古墳群は大和川の支流である石川左岸の羽曳野丘陵の北辺台地に所在する。藤井寺市から羽曳野市にかけて東西３ｋｍ、南北４ｋｍの範囲に前方後円墳は２２基が所在している。一方、百舌鳥古墳群は和泉丘陵から北に伸びる上町台地基部の百舌鳥野一帯に所在する。

　この古市古墳群には墳丘長第２位の誉田御廟山が、また、百舌鳥古墳群には墳丘長第１位の大山（いわゆる仁徳陵古墳）が所在する。どなたも良くご存知のわが国を代表する古墳群の両雄である。因みに、２０１９年、第４３回世界遺産委員会で正式に世界文化遺産として登録されている。略称は「百舌鳥・古市古墳群」である。

　狙いを定めたものの、予備知識皆無ではまったく勝負にならない。以前に読んだ『古墳時代のシンボル・仁徳陵古墳』　一瀬和夫著（新泉社）を再

読した。冒頭に「大阪府堺市にある百舌鳥古墳群（図1）は巨大な古墳が群れをなしている。なかでも仁徳陵古墳は、群を抜いて大きいことであまりに有名である」、と説明されている。つづいて具体的に「墳丘長は周濠に水が溜まった状態で４８６ｍであり、水を抜けば５１２ｍを見積もることができる。さらに、周濠・堤・外周溝を含めた長軸全長は８５０ｍにおよぶ。」とある。

　さすが、墳丘長４８６ｍと言えば日本最大であり、すごいの一言である。昔風にいえば、ザックリ４町の長さである。誰しも小学校以来、最大とか日本一を何度も耳にしているあの仁徳陵である。

　で、肝心の被葬者については、「すなわち、仁徳・履中・反正天皇的な伝承を持つ人物が仮に実在していたとしても、その相対的な位置関係は確実なものでなく、銘文などが出土しないかぎりは「百舌鳥」のあたりに葬られたと思うしか手がないのである」という極めて慎重な文言である。ん～、そうか。被葬者は仁徳天皇とは言い切っていないのか。これは少し荷が重すぎたかな？　相手に不足無し、といえばカッコ良く聞こえるだろうが、正直、私で解ききれるだろうか、と先行きの視界ゼロであった。

　専門家でさえ慎重このうえない見解であるのに、無謀な試みであったかもしれない。後悔の念がちらついていた。ヒントになったのは次の一文であった。

　陵名は百舌鳥耳原中陵。これは平安時代の『延喜式』に「百舌鳥耳原中陵」という名で和泉国大鳥郡にあって「兆域東西八町。南北八町。陵戸五烟」と記され、陵域が広く「中」という位置関係から仁徳陵にあてたものである。ちなみに「北は反正陵、南は履中陵となっている」。はて、北とか南とはどの古墳だろう、と急いで調べると、北が田出井山で現反正陵、中が大山陵で現仁徳陵なのである。五烟とは何だ？　さらに、初めて見るミサンザイとは何だろう？　ニサンザイ？　思い当たるフシもない。私の知識レベルは百舌鳥古墳群に限らず、古市についてもこの程度で、知識以前の空白状態だったのである。

　なんだ、ここの巨大前方後円墳は誰の古墳かバッチリ比定されているで

はないか。私が、今更どうのという謎でもないではないか？　大和の卑弥
呼のメスリ山古墳でやめておけばよかったかな、とも思いつつこの場はこ
れで鉾を収めた記憶がある。諦めの境地もいいとこであった。

　それでも、時間さえあれば、私の持つ強みは何だろう？　この謎解きの
糸口は何だろう？　手がかりは、足がかりは？　ここでもプロジェクト遂
行の実務経験が頭をもたげてくる。どうころんでも私の強みはこれしかな
いのである。

第3部　七王と古市・百舌鳥古墳群との1：1対応比定

1．大王と古墳の対応

　そうこうするうちに、忘れもしない2011年12月10日夜（といえばスマートだが、実はノートのメモ書きの日付を確認したまでである）近場の市立中央図書館からたまたま借りていた『列島の考古学　古墳時代』右島和夫・千賀久著（河出書房新社）を読んでいる時であった。そのp24にはこう記述されていた。

　「河内で最初の大型古墳は群中で最も北に位置する津堂城山古墳で、その後は古市と百舌鳥の間を移動しながら七代にわたって大王墓の築造が続く。つまり、津堂城山―仲ツ山―百舌鳥―誉田御廟山―大山―土師ニサンザイ―岡ミサンザイの順に整理できる」。

　実はこの文をなにげなく読んだ瞬間、私にはピンと閃くものがあった。初めて耳にするような難しい古墳の名前はともかく、鍵はこの七代である。一瞬の衝撃が走った。　なに、七代？　七代か！　瞬く間に、この順番の根拠は？　この順番にどんな意味があるのだろうか？　"整理できるとは"の意味合いは？　百舌鳥とはどの古墳か？　大山は間違いなくあの仁徳陵である。　土師ニサンザイ？　土師は"土師氏のはじ"か？　しかし、ルビには"はぜ"とあるぞ？　間違いか？　ニサンザイとは何だ？　ミサンザイなら前に目にしたが、今度は"ニ"か？　"ミ"の間違いか？　あれれ？　今度は岡ミサンザイか？　どこの古墳だ？　何だ、こりゃ？　被葬者は？　規模は？　築造年代は？　出土品は？　特徴は？　次々と無知を曝け出し、無残である。ただ、邪馬台国所在地比定の経験から、古墳名や

古墳所在の地名からのアプローチは被葬者の謎解きには無理筋らしいという勘は働いた。

　で、それはそれでおいおい調べるとして、とりいそぎはこの七代である。私の脳裏に浮かんだのは「ひょっとして大王七代・古墳七基ということは「倭の七王」に対応するのではないのか？」ということである。「倭の七王」こそ拙著『邪馬台国へ詣る道』に織り込んだ倭王の音と漢字の対応に着目して得た副産物なのであった。（詳細はｐ２７１－２７８を参照）

　　即ち、公式風に表現すれば

　　　　　七代＝七基＝七王

ということになる。

　とすれば、「倭の七王」がピッタリ納まる。私の着眼は右半分の七基＝七王である。これはなんとしても最後までやってみる価値がある、と直感した。謎解きの鍵を力一杯まわした瞬間である。

　ここで、「倭の五王」とは異なり、なぜ「倭の七王」となるのかについて以下に説明をしておこう。

古墳の並び	津堂城山	仲ツ山	百舌鳥	誉田御廟山	大山	土師ニサンザイ	岡ミサンザイ
	⇕	⇕	⇕	⇕	⇕	⇕	⇕
倭の七王	讃	？１	珍	済	？２	興	武
「紀」	応神	仁徳	履中	反正	允恭	安康	雄略
古墳群	古市	古市	百舌鳥	古市	百舌鳥	百舌鳥	古市

　それには、上述の右島・千賀両先生の七代＝七基を適用した。

　オォ！　なんと、大山は⑲允恭だ。⑯仁徳ではない。どうひっくりかえしても、允恭である。驚きであった。本当か！？　あれほど有名な大山の被葬者が允恭か？　とすると、仁徳は仲ツ山となる。はて、仲ツ山？　どこにある？　どんな古墳だ？　聞いたことない古墳だな。さらに、津堂城山が⑮応神、誉田御廟山が⑱反正と続く。アレアレ、本当にこれでいいのだろうか？　なんだかおかしくないか？　半信半疑の中、念の為、古墳概要一覧を作成し、要点を抽出した。

　さっそく現時点での通説や知見となっている必要事項を文献、考古学成果などから抽出してみる。無論、整合性と差異を認識し検討するためである。

①これら古市古墳群の中では津堂城山が最も古い。

②大王順位は⑯仁徳⇒⑰履中である。しかるに宮内庁被葬者比定案によると、大王墓としては考古学的に古い百舌鳥（上石津ミサンザイ）が履中、新しい大山が仁徳となり、逆である。

③岡ミサンザイは最も新しい。

ということがわかった。

　こうした貴重な考古学上の知見を踏まえて、さらなる展開を一気呵成で推し進めたのである。そして、にんまりした。正直、これでうまい具合に落着か、と思った。しかし同時に、何か物足りなさを感じた。ここにきてハタと考えこんだことがある。その物足りなさとは、根本的な疑問である、なぜ古市古墳群と百舌鳥古墳群はお互い東西に約１１ｋｍも離れて、２つの古墳群にわかれているのだろう、という〝素朴な疑問〟に、私自身が納得できる答えをだしていないからだと思った。しからば、ブツブツいわないで出すまでである。腹を決めるが先であった。

　こまった時には、〝神頼み〟もいいが、まずは原点に立ち返ることである。この古市で最初に造営されたのは津堂城山で、その後は古市と百舌鳥の間を移動しながら七代にわたって大王墓の築造が続く、という。残念だが、具体的にどのように移動したかは記されていない。平たく言えば、古市古墳群と百舌鳥古墳群の間を王権が行ったりきたりした、ということである。はたして、大王との対応はついたが、王権の行き来の順番はこの対応のままでいいのだろうか？

　第２には、この古市と百舌鳥の２つの古墳群のもつ意味合い・性格は何だろう、という疑問である。古墳群の性格とはききなれない用語ではあるが、早い話が、なぜ似たような性格の大古墳群が東・西に分かれて２つあるのだろうか？　ということである。　さらに第３には、「紀」によると

大王の系譜は初代神武⇒欠史八代⇒崇神⇒垂仁⇒景行⇒成務⇒仲哀⇒応神⇒仁徳⇒履中⇒反正⇒允恭⇒安康⇒雄略⇒清寧⇒顕宗⇒仁賢⇒武烈、そして㉖継体と続いている。はたして、この7基に対応する1基目は応神で、7基目は雄略でいいのだろうか？　エイヤ、と置いてみたが、応神なのだろうか？　多少、前後にズレることはないのだろうか？　といったさらなる素朴な疑問多々であった。

　他にも、仮に津堂城山、上石津ミサンザイ、大山、岡ミサンザイをアンカー（固定）として、その間に仲ツ山、誉田御廟山、土師ニサンザイを変数として割り込ませるとどうなるのだろうか？

　さらに、この7基の大王墓以外にも古市古墳群には市野山、墓山、軽里大塚などの巨大前方後円墳が所在する。また、百舌鳥古墳群にも御廟山、乳の岡、田出井山などが所在する。どんどん思考が展開する。拡散する。あちこちふらつく。いや、ダメだ。もっと絞込まなくては。条件は何だ？固定しろ。焦点を合わせろ。外すな、ピンポイントだ。

　とにかく、こうした全体像を形成すべく暗闇の中を手探る状態であった。その組合せの可能性はなん通りあるのだろうか？あまりに場合の数が多すぎて手がつけられなくて、とうとうやめてしまった。20基も30基もある大王墓候補から大王ザックリ10人前後を比定する謎解きである。$_{30}C_{10}$の世界が相手では電卓をたたいてどうなるものでもなかった。

　落込んだとはいえ、幸い時間はたっぷりある。しかも期限に攻め立てられるわけでもない。気楽な一人旅だ。何度も新しい七王の系譜を見つめ、考え込みを繰返す。フツフツと沸き立つ熱き想いがある。そんな中、ふと、王権を継承するに際して、直系と傍系があるのでは、と思い至ったのだ。そうだ、これだとすれば、どのような絵が描けるだろうか。その当時、直系・傍系などという概念があったか否かは正直わからない。これを学術的に検討することなど、とても私の力では及ばない。ところが、あったとすれば、という前提で、仮に、あったとすれば、どのような絵が描けるか？これなら微力な私にもいくばくかは展開できる。これがここからの全ての出発点である。

　考古学的知見では大王墓として7基、つまり、古市に4基、百舌鳥に3基である。拙案による倭の七王系譜（王統譜）では、応神、仁徳、反正、安康が直系、一方の履中、允恭、雄略が傍系となる。ひょっとして単純な血筋で古墳群が分かれていたのかなぁ。そして、前者が古市古墳群、後者が百舌鳥古墳群に配置されたのかなぁ。まだまだ腑に落ちていない。

　もう一度、大王順に従って、古市と百舌鳥の順番を何度も見なおす。視線が激しく行き来する。　そのうち、オヤッ？　津堂城山⇒仲ツ山は古市⇒古市、もう一カ所、大山⇒土師ニサンザイは百舌鳥⇒百舌鳥になっていて、交互に行き来したことにはなっていない。ダブッている。確かに、"交互に"とは書かれていないので、これもやむを得ないのかな、といったんは引いた。がしかし、どうも気になる。行き来する、という動きの中に、なにかひっかかるものを感じたのである。一体、なんだろう？

　再度、系譜を確認すると、父から長男、長男から叔父（父の弟）、長男（兄）から次男（弟）といくつかの王権継承パターンがあることに気がつく。讃＝応神＝津堂城山から（？1）＝仁徳＝仲ツ山は父から子ゆえ同じ古市古墳群だろう。すると、最後の方の（？2）＝允恭＝大山＝百舌鳥から興＝安康＝土師ニサンザイ＝百舌鳥、さらに、武＝雄略＝岡ミサンザイ＝古市が矛盾することになる。「倭の七王」の継承順を正しいとすれば、残るは大王墓そのものの順番を入れ替えれば矛盾がなくなる。そうだ、きっとこれに違いない。長いトンネルを抜け、行く手にほのかな明るさを確信した瞬間である。

　具体的には、応神から仁徳へは父から子へだ。次の履中は仁徳から見れば叔父である。次の反正になって、やっと子に継承されている。さらに允恭は反正の弟である。さらに、安康は反正の子である。そして「倭の七王」の最後、雄略は安康の弟である。ちなみに、「紀」などの従来説では仁徳の子で大王になったのは履中、反正、允恭の3人であるとする。しかし、拙案では反正と允恭の2人である。

　考古学の貴重な先学の知見とはいえ、たまたま百舌鳥の土師ニサンザイと古市の岡ミサンザイを入替えてみたのである。結果、大王墓の並びは津

堂城山 ⇒ 仲ツ山 ⇒ 百舌鳥 ⇒ 誉田御廟山 ⇒ 大山 ⇒ 岡ミサンザイ⇒ 土師ニサンザイを得た。さっそく、地図にこれらの大王墓を落とし込み、代数を書き込む。これだ、これに相違ない。うれしさが五臓六腑にジュワッときた瞬間である。

　入替えたものを以下にまとめる（表2）。

表2　古市・百舌鳥古墳群の被葬者と築造順

古墳の並び	津堂城山	仲ツ山	百舌鳥	誉田御廟山	大山	岡ミサンザイ	土師ニサンザイ
	⇕	⇕	⇕	⇕	⇕	⇕	⇕
倭の七王	讃	？1	珍	済	？2	興	武
「紀」	応神	仁徳	履中	反正	允恭	安康	雄略
古墳群	古市	古市	百舌鳥	古市	百舌鳥	古市	百舌鳥

倭の七王系譜と王権継承の模式図－1（図7）に示す。

図7　倭の七王系譜と王権継承の模式図－1

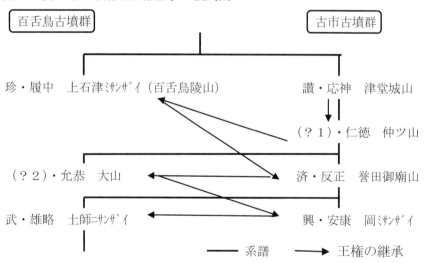

　上表から読取れることは、古市古墳群には「倭の七王」の直系王統である応神、仁徳、反正、安康の4大王＝4基、百舌鳥古墳群には傍系王統である履中、允恭、雄略の3大王＝3基が埋葬されていたことである。そう、

この七代＝七基＝七王で、この順番で無理なく対応がつき、なにより納まりが一番良い。

　このことから、⑮応神を古市の第1基目とすることは、逆に遡って、佐紀古墳群の最後の大王墓が応神の1代前、即ち、⑭仲哀であることがわかる。佐紀の第1基目はまだわからない。これも大いに気になるところであった。

　残った疑問は、再言すると、なぜ古市と百舌鳥の2つの古墳群があるのだろうか？　この疑問は、くどいようだが、もう一度、「倭の七王」系譜を見ていただきたい。そう、古市古墳群は父から子、それも長子への継承で、いわゆる直系である。一方、百舌鳥は兄弟の弟への継承、いわゆる傍系だったのである。

　通説の日本最大の前方後円墳である大山の被葬者が仁徳ではなく允恭、第2位の誉田御廟山の被葬者が反正であることも全く意外な結果ではあった。しかも、この兄弟で弟允恭が日本最大規模の古墳、兄が第2位の規模を持つ大王墓の被葬者であったのである。画期といわれる創始者応神は津堂城山、あの仁徳は仲ツ山、雄略（倭王武、ワカタケル）は土師ニサンザイという或る意味なんとも地味な大王墓に埋葬されていたのである。まさに、予想さえしない結末の連続であった。そして、何より最大の収穫は、この2つの古墳群の性格が父子、兄弟への王権継承という極めて根源的な要因、つまり、血筋による区分けであったことが読取れたことである。そして同時に、通説というものが内包するある種の脆弱さを再認識した。ガッツン、ときたのである。

　また、前代の佐紀古墳群との被葬者の明確な境界が確認できたことも併せて、大きな進捗であった。応神が固定できれば佐紀古墳群との境界は仲哀であった。

　ただし、考古学知見による土師ニサンザイ⇒岡ミサンザイの築造順を逆にしたことに対する、私自身の知見は何もない。先学緒先輩には誠に申し訳ないが、あくまで1つの試みということで了解いただければ幸いである。

ここまで、歩を進めると欲が出る。次は㉒清寧⇒㉓顕宗⇒㉔仁賢⇒㉕武烈、そして㉖継体にいってみようと即決した。勢いあるのみでる。少なくとも継体は現在では三島古墳群にある今城塚とされているので、武烈まではなんとかなりそうだという見通しであった。　ここで新たな境界を見つけることができるからである。

　ここで、我々の目的を見失わないように再確認しよう。大王墓の被葬者と築造順の比定である。目標は奈良盆地東南部古墳群、佐紀古墳群、古市・百舌鳥古墳群の３群。対象とする大王は神武から武烈までである。残るは佐紀古墳群と奈良盆地東南部古墳群の一部であることを確認しておこう。

　はたしてこれらを乗り越えて、当初の目的を達成できるのか？　特に、欠史八代は「紀」に満足な事跡記述がなく、お手上げではないのか？　あまりに大胆すぎやしないか？　しかし、もう後には引けない。

　さて、清寧、顕宗、仁賢、武烈はどのような大王だったのか、先学が比定している大王墓の概要や「紀」などの事跡を調べたり、歴史・古墳の本を読んで多少の知識を急場しのぎに仕入れた。次に、該当しそうな古墳のあたりをつける。ここでも先学の厚い積み重ねがあってありがたい限りであった。少なくとも古市・百舌鳥古墳群に所在しているのだろう、と想定した。

　さっそく、地図上に該当する大王４人の大王墓をいくつかの組合せのCase（ケース）に対応して落とし込む。これについても幸いなことに、せいぜい、１０基前後である。

　このいくつかのケースをイメージするに際して、考慮したことは、雄略を土師ニサンザイ、その子清寧を前の山に比定したことである。そして、これら２基はそれぞれ百舌鳥古墳群、古市古墳群に所在する。ここで仁賢・顕宗と雄略の関係を「紀」で調べてみたのである。直接的な血の繋がりはない。しかも、なんと、雄略は２兄弟の父である市辺押磐皇子を誅殺しているのである。

　史実とすれば、いくらなんでも自分達の親を誅殺した人物の墳墓の近傍に、敢えて、自分達の墳墓は築造することはないだろう。とすれば、この

兄弟、および、仁賢の子の武烈の大王墓はいずれも古市に所在するとにらんだ。大王とはいえ、その前に人の子であろう。

　まず手始めは何事も一番簡単で易しいと思えるケースである。

　Case-1 では前の山を顕宗、市の山を仁賢、墓山を武烈とする。Case-2、Case-3 はその応用である。Case-4 は通説では反正陵を田出井山とするが、これを顕宗とおいてみた。また、清寧を父、雄略と同じ百舌鳥の百舌鳥御廟山とした案である。

　しかし、いずれもしっくりこない。座りが悪い。そこで、最後の切り札である直系・傍系を適用してみた。つまり、古市・百舌鳥同様に、ここも父子・兄弟の継承パターンかなと思いつつ、わかりやすいように色分けして再確認をした。まず、清寧は雄略の子なので直系となり、古市とする。ただし、清寧には後嗣がいないとされる。次の顕宗は仁賢の弟といわれるが、先に即位している。しかも、この顕宗と仁賢は履中の子である市辺押磐皇子の息子達である。ここは素直に兄仁賢を古市、弟顕宗を百舌鳥とした。ただし、顕宗には妃・後嗣がいないとされる。最後に武烈。これは仁賢の子である。同じく、武烈にも後嗣がいないとされる。直系なので古市である。さらには、各大王の后妃墓比定の結果も反映させた。

　すると、清寧が市の山、顕宗が百舌鳥御廟山、仁賢が前の山（軽里大塚；現白鳥陵）で納まったのである。顕宗は弟王故、父を誅殺した雄略の土師ニサンザイと同じ百舌鳥古墳群に眠っているのである。冷徹なまでに〝血筋の原理〟を守ったのであろうか。そうとしか考えられない。

　結果、得た対応比定表は以下である。

古墳名	市の山	御廟山	前の山	墓山
	⇕	⇕	⇕	⇕
日本書紀	清寧	顕宗	仁賢	武烈
古墳群	古市	百舌鳥	古市	古市

王権継承を模式図－２（図８）に示す。

図８　王権継承の模式図－２

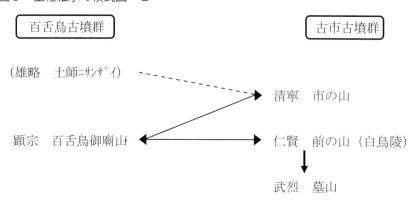

さらに、系譜上に現れる他の人物に関しては以下の比定とした。

　　若干の補足をすると、市辺押磐皇子は大王位には就かなかったものの仁賢・顕宗両大王の父である。従って、墳墓は墳丘長３３５ｍを誇る河内大塚山（全国第５位）であるが、その所在ははっきりと古市古墳群の墓域ではない。かといって百舌鳥古墳群のそれでもない。それらの境界あたりという微妙で悩ましい立地が傍証となろう。（河内大塚山の築造年代は６世紀中頃ともいわれる）

　　また、想像をたくましくすれば、この仁賢の皇女が雄略の女（むすめ）

であり、皇子に武烈、皇女に手白髪皇女を儲けている。前述したように、この手白髪皇女は継体の皇后となる。ご存知のように、継体大王の真陵は摂津の今城塚とされる。

　春日大娘皇女は仁賢の皇后、雄略の女である。没後、大王である仁賢の前の山の近傍に所在する高屋城山に埋葬されたのであろう。古墳の中軸線を近接する白髪山古墳とともに共有する。

　結果、大王墓に関しては古市古墳群には系譜上の直系である応神、仁徳、反正、安康、清寧、仁賢、武烈の7基。一方、百舌鳥古墳群には傍系である履中、允恭、雄略、顕宗の4基、計11基が比定された事になる。つまり第1基目が応神、最後が武烈の11基目ということになる。ちなみに、次代の継体大王墓は三島古墳群に所在する今城塚古墳である。

　上石津ミサンザイが履中（拙案では在位438年－442年）と一致するのは、偶然の一致であろう。通説によれば「倭の五王」説に立脚して、履中を讃、珍、済、興、武の五王のうち、「讃」とする説があるといわれる。しかし、従来の「倭の五王」に立脚する限り、それ相応の限界の中での世界しか描けない。早い話が、「倭の五王」から「倭の七王」に軸足を移さない限り、謎を解く鍵には使えないのである。

　通説の「倭の五王」と拙案「倭の七王」を対比させたものを図9に示す。

図9　倭の五王から倭の七王へ：大王と古墳の比定比較図

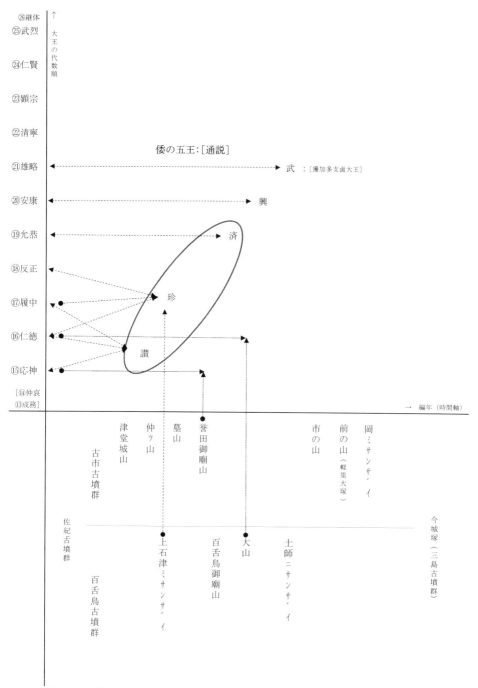

※1：五王の大王（天皇）比定案や古市・百舌鳥古墳群の各古墳の編年案は諸説ある。

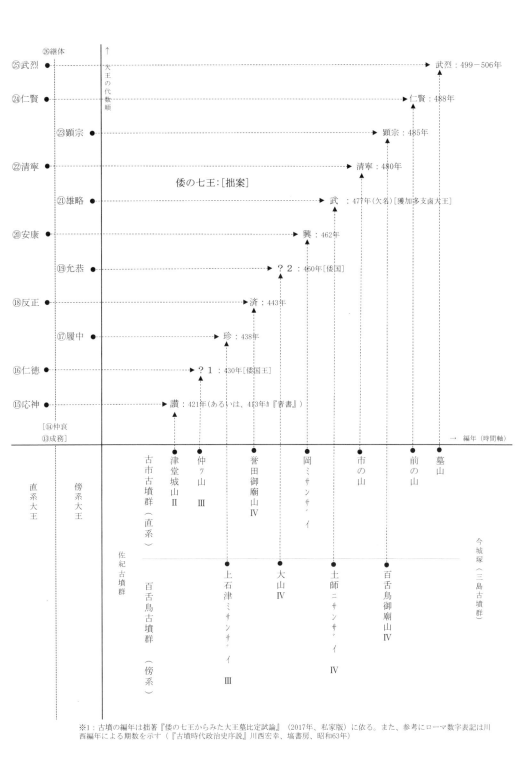

倭の七王：[拙案]

大王の代数順		編年（時間軸）→
㉖継体		
㉕武烈		武烈：499－506年
㉔仁賢		仁賢：488年
㉓顕宗		顕宗：485年
㉒清寧		清寧：480年
㉑雄略		武　：477年(欠名)[獲加多支鹵大王]
⑳安康		興　：462年
⑲允恭		？２：460年[倭国]
⑱反正		済　：443年
⑰履中		珍　：438年
⑯仁徳		？１：430年[倭国王]
⑮応神		讃　：421年(あるいは、413年カ『晋書』)
[⑭仲哀 ⑬成務]		

直系大王　傍系大王

佐紀古墳群

古市古墳群（直系）

津堂城山Ⅱ
仲ツ山Ⅲ
誉田御廟山Ⅳ
岡ミサンザイ
市の山
前の山
墓山

百舌鳥古墳群（傍系）

上石津ミサンザイⅢ
大山Ⅳ
土師ニサンザイⅣ
百舌鳥御廟山Ⅳ

今城塚（三島古墳群）

※1：古墳の編年は拙著『倭の七王からみた大王墓比定試論』（2017年、私家版）に依る。また、参考にローマ数字表記は川西編年による期数を示す（『古墳時代政治史序説』川西宏幸、塙書房、昭和63年）

また、国土地理院地形図に大王墓を落とし込んだものを図10に示す。

図10　古市・百舌鳥古墳群比定図（国土地理院地形図に一部加筆）

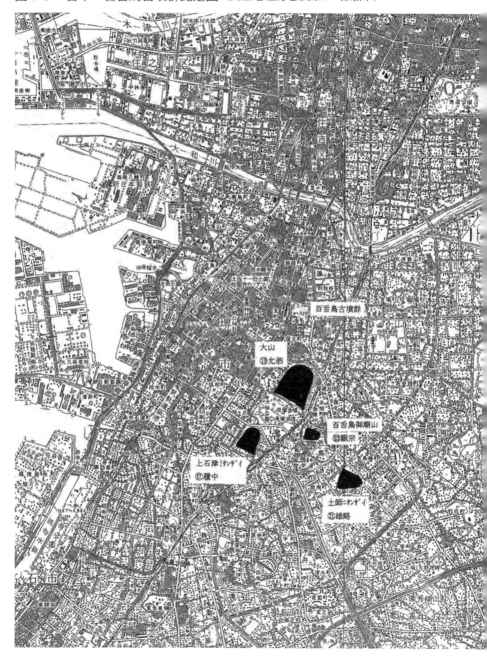

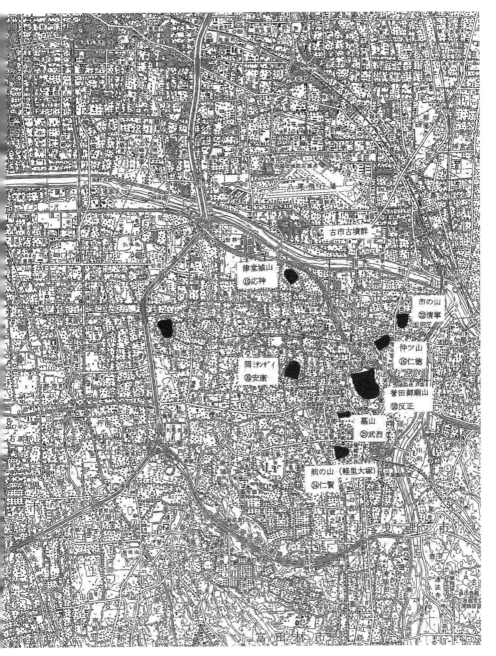

応神から仁徳は古市、次の履中から仁賢までは、古市と百舌鳥を交互に行き来している。平たく言えば、たすきがけである。　最後の仁賢から武烈は同じ古市である。　ただし、行き来しているのは王権とその大王墓としての築造順であり、いわゆる王権ではないことに留意されたい。また、大王位に準じるとしたのであろうか、市辺押磐皇子の河内大塚がやや古市寄りにぽつねんと立地している。

こうした拙案の比定を現実の大王墓の考古学的特徴などから、その整合性を探ってみる。

① よく着目される中軸線の共有については、明確な関係を得ることができなかった。例えば、誰しも目に見えてすぐわかるのは大山（允恭）と上石津ミサンザイ（履中）と近傍の田出井山、乳岡の４基が前方部を南南西に向けて共有している。系譜上では允恭からみて、父仁徳の父、即ち、祖父応神の弟である履中と共有していることになる。

　また、土師ニサンザイ、百舌鳥御廟山、イタスケの３基は西北西に前方部を向ける。それぞれ、雄略、顕宗、允恭妃弟媛である。しかし、この３人の系譜上の直接的な関連性はないと考えられる。

② 土師ニサンザイと前の山は墳丘形が相似形であるとされる。これは被葬者をそれぞれ雄略と仁賢に比定するので系譜上の直接的な関連性はないと考えられる。

③ 誉田御廟山、河内大塚山、市の山は前方部を北に向けて、ブレが大きいものの共有しているように思える。河内大塚山を市辺押磐皇子、市の山を清寧に比定するが、系譜上の直接的な関連性はないと考えられる。

④ 考古学的知見では仲ツ山は誉田御廟山より築造が古いことが判明している。拙案では被葬者をそれぞれ仁徳、反正に比定するので大王順に合致する。

　なお、仲ツ山（仁徳）は吉備の作山と墳丘長が同長（２８６ｍ）であり、上石津ミサンザイ（履中）は吉備の造山（３６０ｍ）と墳丘長がほぼ同長である。中央の２代の大王との臣属関係を地方の吉備氏が強化・顕示化した現れであろう。

⑤市の山、墓山、太田茶臼山の３基はよく似た平面プランで造られ規模も
　ほぼ同じである。

　　　　　　　古墳名　　　　　市の山　　墓山　　　太田茶臼山
　　　　　　　墳丘長（m）　　２３０　　２２５　　　２２６
　　　　　　　後円部径（m）　１３６　　１３５　　　１４０

　拙案では市の山を清寧、墓山を武烈に比定する。ただし、太田茶臼山の
被葬者については不詳とする。市の山、墓山と同規模ではあるが、おそら
く大王墓ではないだろう。

　古市・百舌鳥古墳群の大王墓立地は王統上での「直系」(応神～武烈)と「傍
系」(履中～顕宗)に基づく墓域区分が明確になされていることが性格的特
徴といえる。つまり、直系は古市古墳群、傍系は百舌鳥古墳群に立地する。
このことから、古市古墳群と百舌鳥古墳群を構成する大王墓の築造順、築
造年代と「紀」に記す大王順による王権がこの間を行き来したことが読み
取れる。しかし、履中が自らの意志で百舌鳥古墳群の上石津ミサンザイを
墳墓としたのか、はたまた、次王反正の意志であったのか。こればかりは、
なんびとも知りえない永遠の謎であろう。

　こうして、古市・百舌鳥古墳群のそれぞれ７大王と４大王の計１１大王、
即ち、１１基の大王墓の比定ができたのである。２０１１年１２月１５日
のことであった。

２．大王墓比定総括表

　ここに正史「紀」が記す神武から武烈にいたる歴代大王を奈良盆地東南
部、佐紀、古市・百舌鳥古墳群の大王墓（巨大前方後円墳）に対応させ、
その被葬者と築造順を比定した。結果を大王墓比定総括表（表３）に示す。

表3　大王墓比定総括表

大王名	神武	綏靖	➡	孝元	開化	崇神	垂仁	景行
代数	1	2	➡	8	9	10	11	12
比定大王墓	西殿塚	注記-1			行燈山	渋谷向山	五社神	佐紀石塚山
古墳群	奈良盆地東南部	同左			同左	同左	佐紀	同左
通説比定案					念仏寺山	行燈山	宝来山	渋谷向山

大王名	成務	仲哀	応神	仁徳	履中	反正	允恭
代数	13	14	15	16	17	18	19
比定大王墓	佐紀高塚	佐紀陵山	津堂城山	仲ツ山	上石津ミサンザイ	誉田御廟山	大山
古墳群	同左	同左	古市	古市	百舌鳥	古市	百舌鳥
通説比定案	佐紀石塚山	岡ミサンザイ	誉田御廟山	大山	上石津ミサンザイ	田出井山	市の山

大王名	安康	雄略	清寧	顕宗	仁賢	武烈	継体
代数	20	21	22	23	24	25	26
比定大王墓	岡ミサンザイ	土師ミサンザイ	市野山	百舌鳥御廟山	前の山	墓山	今城塚
古墳群	古市	百舌鳥	古市	百舌鳥	古市	古市	三島
通説比定案	古城1号墳	高鷲丸山河内大塚山	岡ミサンザイ	誉田御廟山	大山	上石津ミサンザイ	太田茶臼山

注記-1：中山大塚、下池山、栗塚、フサギ塚、馬口山、燈籠山、矢矧塚の墳丘100m級7基を有力候補とする。
参考までに他の人物の古墳比定も列記しておく。

人物名	卑弥呼	男弟	壱与	媛踏鞴五十鈴媛	八坂入彦命	日葉酢媛命	八坂入姫命
系譜など	邪馬台国女王	卑弥呼を補佐	卑弥呼の宗女	神武皇后	垂仁の兄	垂仁皇后	景行皇后(後)
比定古墳名	メスリ山	箸墓	桜井茶臼山	東殿塚	宝来山	ウワナベ	ヒシャゲ
古墳群	奈良盆地東南部	同左	同左	同左		佐紀	同左
通説比定案	箸墓					佐紀陵山	古墳1号墳
備考				西殿塚の0.6倍			

人物名	神功皇后	市辺押磐皇子	春日大娘皇女	手白香皇女	日本武尊
系譜など	仲哀の皇后	履中の息子	仁賢皇后	継体皇后	景行の息子
比定古墳名	コナベ	河内大塚山	高屋城山	西山塚[※1]	市庭
古墳群	同左		古市	奈良盆地東南部	佐紀
通説比定案				前の山(白鳥陵)	
備考				※1：白石説	

　結果、大王墓編年図（図１１）をまとめた。一助となれば幸いである。なお、奈良盆地東南部古墳群、佐紀古墳群などの個々の古墳の被葬者比定については、巻末に記す拙稿、補論を参照いただけると幸いである。

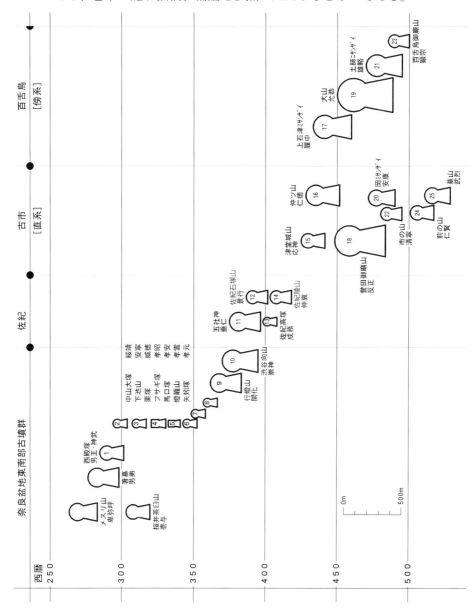

　私なりに３００年間の根幹となる大王とその墳墓の被葬者と築造順につき比定をおこなうことができた。定説や常識に至るアプローチとは異なる観点から、誰しも自然的に考えることをベースにして合理的に推察している。扉を開けるに使った鍵は「紀」に記す大王名・代数と拙案「倭の七王」である。もちろん諸先学の成果の結晶である考古学・歴史学・文献史学などの知見があることはいうまでもない。

　本稿での立論は史料である中国正史『宋書』から読み取れる朝貢事跡を合理的に展開して「七王」を得た。もう一方の実体としての古市・百舌鳥古墳群に所在する大王墓の被葬者比定を立論することによっても、これら七王の実在性がより強く傍証される。つまり、史料（文献）による記載事項のみならず、実体資料としての古墳（考古）とを１：１のピンポイントで合理的な対応手法をとることにより、より正確で精度の高い実相が得られるものと考える。

　以下に、付表１．近畿地方の代表的巨大古墳と、付表２．「倭の七王」古墳概要を示す。

付表１．近畿地方の代表的巨大古墳

順位	奈良盆地東南部古墳群 古墳名	墳丘長 (m)	佐紀古墳群 古墳名	墳丘長 (m)	古市古墳群 古墳名	墳丘長 (m)	百舌鳥古墳群 古墳名	墳丘長 (m)
1							大山	４８６
2					誉田御廟山	４２５		
3							上石津ミサンザイ	３６５
5					河内大塚山	３３５		
7	渋谷向山	３０２						
8							土師ニサンザイ	２８８
9					仲ツ山	２８６		
11	箸墓	２７６						
11			五社神	２７６				
13			ウワナベ	２６５				
14			市庭	２５０				
15	行燈山	２４２						
17					岡ミサンザイ	２３８		
18	西殿塚	２３４						
19	メスリ山	２３０						
20					市野山	２２７		
22			宝来山	２２６				
23					墓山	２２４		
24			佐紀石塚山	２２０				
25			ヒシャゲ	２１８				
28			佐紀陵山	２０８				
28	桜井茶臼山	２０８						
31			コナベ	２０４				
33					津堂城山	２０２		
合計（基）	6		8		7		3	

注記１：大阪府羽曳野市の墓山（23位）は同市に所在する誉田御廟山（2位）の陪塚とされる。

注記２：馬見古墳群、吉備、丹後、西都原などにも墳丘長200m超の前方後円墳は所在するが、大王墓ではないので割愛する。

注記３：関東では群馬県　太田天神山古墳（約210m）のみ。

注記４：墳丘長データについてはデータソースにより若干のバラツキがあることをおことわりする。

付表２．「倭の七王」　古墳概要

大王墓列	津堂城山	⇒	仲ツ山	⇒	百舌鳥	⇒	誉田御廟山	⇒	大山	⇒	岡ミサンザイ	⇒	士師ニサンザイ
大王名［宋書］	讃		倭国王 ？１		珍		済		倭国 ？２		興		武
漢風諡号［記紀］	応神		仁徳		履中		反正		允恭		安康		雄略
代数	１５		１６		１７		１７		１９		２０		２１
古墳群	古市		古市		百舌鳥		古市		百舌鳥		古市		百舌鳥
所在地	藤井寺市津堂		藤井寺市沢田４丁目		堺市西区石津ケ丘		羽曳野市		堺市堺区大山町		藤井寺市藤井寺４丁目		堺市北区百舌鳥西之町３丁目
墳丘長（m）	２０８		２８６		３６０		４２０		４８６		２４２		２９０
高さ（m）	１６．９		２６．２		２５		３６		３３		１９．５		２２．６
比定被葬者案	？		仲津媛		履中		応神		仁徳		仲哀		？
推定築造時期	４世紀後半		５世紀前半		？		５世紀初頃		５世紀前半〜半ば		５世紀後半		５世紀後半
特記	外側周濠を含むと全長４００m以上。竪穴式石室と巨大な長持石棺。水鳥形埴輪３点出				陪塚は４基以上あったとされる。（１０基以上とも）。３段築成。				３段築成。３重の濠。石津ケ丘古墳より後の築造。		雄略天皇説もある。		３段築成。２重の濠。陪塚は３基以上。

補論

　ところが、どっこい。これで終わったわけではない。「だから、何なの？」という強烈な一言が待っている。本論で拙案「倭の七王」の大王墓比定の本筋を述べた。この補論では、古代史上の興味深い７項目を補論としてとりあげ、「倭の七王」をあたかもレンズとみなして、主に５世紀の新しい像を描いてみた。これらから、より引き締まった具体的な古代史像が浮き彫りとなろう。

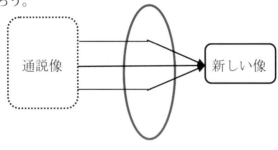

「倭の七王」
大王墓比定案

補論－１　古市・百舌鳥古墳群の后妃墓比定

　本補論は拙著『倭の七王からみた大王墓比定試論』(私家版) に引き続き、
５世紀の大和政権を主導した大王たち（１１人）の后妃墓の被葬者比定を
まとめたものである。具体的には「倭の七王」を軸とする応神から武烈ま
での后妃たち（３３人）である。表１に一覧表を示す。

１．基本的な比定フロー

　基本的な比定フローを以下に示す。
　文献史料「紀」から該当する大王の皇后・有力妃、皇女を列挙する⇒実
体である墳墓について、墳丘規模１００ｍ級～２００ｍ級前後の前方後円
墳を古市古墳群と百舌鳥古墳群から選定する⇒合理的な絞込みをかけて
１：１の対応をとる⇒全体を検討して納まりを評価し比定する。
　なお、本補論の后妃墓比定対象は「紀」に記されている后妃とする。次
項の２．大王后妃と墳墓の絞込みに示す反正と允恭の后妃については拙案
「倭の七王」により、入替えていることに留意いただきたい。

２．大王后妃と墳墓の絞込み

（１）大王の后妃

表１　大王の后妃一覧

　１大王　応神　　皇后　１　妃　１０
　皇后：仲姫命（中日売命）－品陀真若王（五百城入彦皇子王子）女
　妃：高城入姫命（高木之入日売命）－ 品陀真若王女、仲姫命同母姉
　妃：弟姫命（弟日売命）－品陀真若王女、仲姫命同母妹
　妃：宮主宅媛（宮主矢河枝比売）－ 和弭日触使主女
　妃：小甄媛 － 和弭日触使主女、宮主宅媛妹
　妃：息長真若中比売（弟媛）－ 河派仲彦王（息長田別王子、日本武尊孫）女
　妃：糸媛（糸井比売）－ 桜井田部連島垂根女、男鉏妹

妃：日向泉長媛

妃：迦具漏比売- 須売伊呂大中日子（稚武彦王王子、日本武尊孫）王女

妃：葛城野伊呂売（怒能伊呂比売？）－ 武内宿禰女？

妃：兄媛 － 吉備武彦命（稚武彦命子）女、吉備御友別妹

2大王　仁徳　　皇后　2　妃　3
　皇后（前）：磐之媛命（石之日売命、葛城襲津彦の女）

　皇后（後）：八田皇女（矢田皇女、応神の皇女）

　妃：日向髪長媛（諸県君牛井の女）

　妃：宇遅之若郎女（菟道稚郎姫皇女、応神の皇女）

　妃：黒日売（吉備海部直の女）

3大王　履中　　皇妃・皇后　2　嬪　2
　皇妃：黒媛（葛城葦田宿禰の女、一説に羽田八代宿禰の女）

　皇后：草香幡梭皇女（応神の皇女）

　嬪：太姫郎姫（鯽魚磯別王の女）

　嬪：高鶴郎姫（鯽魚磯別王の女）

4大王　反正　　皇后　1　妃　1
　皇后：忍坂大中姫（稚淳毛二派皇子の女）

　妃：弟姫（衣通郎姫、皇后の妹）

5大王　允恭　　皇夫人　1　妃　1
　皇夫人：津野媛（大宅臣の祖和珥木事の女）

　妃：弟媛（津野媛の妹）

6大王　安康　　皇后　1　妃　0
　皇后：中磯皇女（中蒂姫命、履中の皇女）

7大王　雄略　　皇后　1　妃　3
　皇后：草香幡梭姫皇女（仁徳の皇女）

　妃：葛城韓媛（葛城円大臣の女）

　妃：吉備稚媛（吉備上道臣の女、もと吉備上道臣田狭の妻）

　妃：和珥童女君（春日和珥臣深目の女）

8大王　清寧　　皇后　0　妃　0
　雄略の第三皇子。母は葛城韓媛。　后妃なし、従って皇子女もなし

9大王　顕宗　　皇后　1　妃　0
　皇后：難波小野王（難波王、丘稚子王の女、石木王の女とも）

１０大王　仁賢　　皇后　１　妃　１

　　皇后：春日大娘皇女- 雄略の皇女

　　妃：糠君娘- 和珥臣日爪女

１１大王　武烈　　皇后　１　妃　０

　　皇后：春日娘子 – 『古事記』に記載なし。

ちなみに、上記の后妃の位の内訳は以下である。

内訳；　　皇后（相当を含む）　　　　１２人

　　　　　　妃　　　　　　　　　　　　１９人

　　　　　　嬪　　　　　　　　　　　　　２人

　　　　　　　　　　計　　　　　　　　３３人

（２）后妃墓候補

　対象とする墳墓を古市古墳群と百舌鳥古墳群とする。前述したように大王墓比定の折に、単純に墳丘長の長い順に的を絞っていった。ここに各々のデータを表２、表３に示す。

表２　古市古墳群（直系）

名称	墳形	墳丘長(m)	区分	拙案比定	備　　考
誉田御廟山	前方後円墳	425	大王	⑱反正	
仲ツ山	同上	286	大王	⑯仁徳	
岡ミサンザイ	同上	242	大王	⑳安康	
市の山	同上	227	大王	㉒清寧	
墓山	同上	224	大王	㉕武烈	
津堂城山	同上	208	大王	⑮応神	
軽里大塚	同上	190	大王	㉔仁賢	別名前の山
野中宮山	同上	154			
古室山	同上	150			
野中ボケ山	同上	122			
高屋城山	同上	122			
白髪山	同上	115			
大鳥塚	同上	110			
はざみ山	同上	103			

名　称	墳形	墳丘長(m)	区分	拙案比定	備　考
峯ヶ塚	同上	96			6世紀初頭、成人男、横穴式石室
鉢塚	同上	60			
河内大塚山	同上	335			市辺押磐皇子。境界上に所在

注記1：河内大塚山は羽曳野市と松原市にまたがる最も西寄りに存在し、学術的に古市古墳群に含めない場合がある。

注記2：㉖継体の墳墓は三島古墳群に所在する今城塚とする。

表3　百舌鳥古墳群（傍系）

名　称	墳形	墳丘長(m)	区分	拙案比定	備　考
大山	前方後円墳	486	大王	⑲允恭	
上石津ﾐｻﾝｻﾞｲ	同上	360	大王	⑰履中	
土師ﾆｻﾝｻﾞｲ	同上	300	大王	㉑雄略	
百舌鳥御廟山	同上	186	大王	㉓顕宗	
百舌鳥大塚山	同上	168			消滅古墳
乳岡	同上	155			
田出井山	同上	148			
いたすけ	同上	146			
長山	同上	全長110			消滅古墳
永山	同上	104			
長塚	同上	100			
丸保山	帆立貝式	87			
城ノ山		全長約77			消滅古墳
銭塚	前方後円墳	71			
定の山	帆立貝式	69			
御廟表塚	同上	67.5			
竜佐山	前方後円墳	67			
収塚	同上	65			帆立貝式？
文珠塚古墳	同上	58			
孫太夫山	同上	56			
旗塚	同上	56			

注記１：百舌鳥古墳群には小規模な（全長１００ｍ以下）前方後円墳が多く所在する。直系大王・傍系大王にかかわらず、しかも、皇后ではなく、いわゆる地方のさほど有力でもない首長の娘が入内して「妃」となったものの墳墓と想定できる。

注記２：城ノ山は前方後円墳か？

３．比定の考え

前章の２．大王后妃と墳墓の絞込みに列記した大王后妃と古市・百舌鳥古墳群の墳墓をいかに対応付けるかを述べる。

（１）后妃については大和政権の大王を父に持つ皇后が畿内、特に、古市・百舌鳥古墳群の墳墓に埋葬されたとすると、その夫である大王墓近くに埋葬されているものと推定できる。ちなみに、他の所在は后妃の故地であろう馬見古墳群や日向など地方である。

	直系大王后妃	傍系大王后妃
皇后	7	5
妃	15	4
嬪	0	2
計	22	11

とすれば、古市古墳群と百舌鳥古墳群に埋葬されている可能性が高いと想定する后妃を下記に示す。

	古市古墳群	百舌鳥古墳群
皇后	7	4
妃	8	2
嬪	0	0
計	15	6

（２）一方、后妃墓候補として有効的に絞込める数は上述后妃数に＋αの安全をみて、各々１７基、８基程度の目安を付けることができる。

また、后妃墓の規模については、上位を占める大王墓墳丘長が最大４８６ｍから最小１８６ｍである。とすれば、后妃墓はこの大王墓に次ぐ規模を有するとしてよい。つまり、古市には直系大王墓とする上位７基、

百舌鳥には傍系大王墓とする上位４基が所在することが判明しているので、后妃墓墳丘長は次のクラスの１００ｍ級～１５０ｍ級の範囲とあたりをつけることができる。

　そこで、后妃墓についても古市と百舌鳥に分けて、対応をとりながら具体的に絞込みをかける。

（３）古市古墳群
后妃として絞りこんだ有力候補者９人（大王７人）

応神　　皇后：仲姫命（中日売命、品陀真若王の女）

仁徳　　皇后（後）：八田皇女（矢田皇女、応神の皇女）

仁徳　　妃：宇遅之若郎女（菟道稚郎姫皇女、応神の皇女）

反正　　皇后：忍坂大中媛

反正　　妃：弟姫（衣通郎姫、皇后の妹）

安康　　皇后：中磯皇女（中蒂姫命、履中の皇女）

仁賢　　皇后：春日大娘皇女（雄略の皇女）

仁賢　　妃：糠君娘（和珥臣日爪女）

武烈　　皇后：春日娘子

候補とする墳墓：規模順。墳墓９基の諸データ

野中宮山	154m	5世紀前半	
古室山	150m	5世紀前半	
野中ボケ山	122m	6世紀前半	
高屋城山	122m	6世紀初頭	
白髪山	115m	6世紀前半	
大鳥塚	110m	5世紀前半	銅鏡２面、鉄剣、鉄刀など⇒この９基のなかでは最古
はざみ山	103m	5世紀半ば	
峯ヶ塚	96m	6世紀初頃	成人男性の骨や歯など。横穴式石室⇒候補から除外

鉢塚　　　　　60m　　5世紀末から6世紀の初め。岡ミサンザイの陪塚
　　　　　　　　　　　　⇒とすれば、安康
　　　　　　　　　　　　拙案では安康の在位期間を462年－476年の15
　　　　　　　　　　　　年間とする

　まず、応神の后妃墓について以下の考察をした。当初は、拙案では津堂城山の被葬者を応神とするが、古市古墳群では最も初期の築造であるため、江戸時代の大和川付替え工事で后妃墓が流失したり、周辺地域の田圃・宅地開発等都市開発化が古くから進んだ結果、本来の墓域内に所在したと考えられる品陀真若王女である3人の后妃墓などや一部の陪塚は消滅・埋没したものと考えた。

　しかし、地図や航空写真などを詳しく見ると、津堂城山から南西約1kmに雄略陵古墳（＝島泉丸山古墳。埴輪をもとに5世紀後半の築造時期が推定されている）が所在している。現状では本来前方後円墳であろうと思われる墳形は円墳（現状では直径75m）に方形墳が人工的に付加された如く観察される。筆者は現在、かろうじて姿をとどめるこの1基こそが規模・築造年代・立地距離性などから応神皇后仲姫命の墳墓と考える。残念なことに被葬者を比定できる程の有効な考古学的知見はほとんど見受けられない。推定墳丘長は、高屋城山が後円部径＝78m、墳丘長122mであることと二ツ塚が後円部径73m、墳丘長110mでありことより、復元推定墳丘長を120mとした。ちなみに、周辺には古墳らしき姿をとどめる遺跡はなさそうである。所在したとすれば、おそらくは品陀真若王を父とする妃2人の后妃墓など数基であろう。（詳細は図3　津堂城山と雄略陵　関係図を参照）

　候補とする墳墓：古墳9基と后妃9基をそれぞれ編年順に並べる

	（筆者推定値）		
雄略陵	120m	応神	皇后：仲姫命（品陀真若王の女）
大鳥塚	110m	仁徳	皇后（後）：八田皇女（応神の皇女）
野中ボケ山	122m	仁徳	宇遅之若郎女（菟道稚郎姫皇女、応神の皇女）
高屋城山	122m	反正	皇后：忍坂大中媛

野中宮山	154m	反正	妃：弟姫（衣通郎姫、皇后の妹）
古室山	150m	安康	皇后：中磯皇女（中蒂姫命、履中の皇女）
鉢塚	60m	仁賢	皇后：春日大娘皇女（雄略皇女）
白髪山	115m	仁賢	妃：糠君娘（和珥臣日爪女）
はざみ山	103m	武烈	皇后：春日娘子

后妃の年代を正しいとすると問題は墳墓の編年である。

候補とする墳墓：修正した編年順。9基 ⇔ 9人

	（筆者推定値）				
雄略陵	120m	5世紀後半	応神皇后	仲姫命（品陀真若王の女）
大鳥塚	110m	5世紀前半	仁徳皇后(後)	八田皇女（応神の皇女）
野中宮山	154m	5世紀前半	仁徳妃	宇遅之若郎女（応神の皇女）
古室山	150m	5世紀前半	反正皇后	忍坂大中媛
はざみ山	103m	5世紀半ば	反正妃	弟姫（衣通郎姫、皇后の妹）
鉢塚	60m	安康	安康皇后	中磯皇女（履中の皇女）
高屋城山	122m	6世紀初頭	仁賢皇后	春日大娘皇女（雄略皇女）
野中ボケ山	122m	6世紀前半	仁賢妃	糠君娘（和珥臣日爪女）
白髪山	115m	6世紀前半	武烈皇后	春日娘子

ここで下記の検討を加える。

アンカーとして実年代が固定できる安康を皇后中磯皇女（中蒂姫命。履中の皇女）の墳墓として鉢塚に比定する。

次に安康の前後の大王を順次、対応させる。

最初の応神后妃は始点である雄略陵に、次の仁徳后妃は大鳥塚に比定できる。

ここで、もう1人の仁徳后妃墓は仲ツ山の近傍に古室山1基が所在する。つまり、仁徳后妃墓の可能性が高い。

反正の大王墓を誉田御廟山に比定しているのでその后妃もその規模にふさわしく大きいとすれば規模のよく似た前方後円墳が誉田御廟山に近接して所在することが考えられる。

相互に近接している后妃墓の場合は皇后墓を妃墓よりは若干墳丘長が長いものとした。

候補とする墳墓：距離感・近接性を反映して下記の比定となる。

	（筆者推定値）			
雄略陵	120m	5世紀後半	応神皇后	仲姫命（品陀真若王の女）
古室山	150m	5世紀前半	仁徳皇后（後）	八田皇女（応神の皇女）
大鳥塚	110m	5世紀前半	仁徳妃	宇遅之若郎女（応神の皇女）
野中宮山	154m	5世紀半ば	反正皇后	忍坂大中媛
はざみ山	103m	5世紀半ば	反正妃	弟姫（衣通郎姫、皇后の妹）
鉢塚	60m	安康	安康皇后	中磯皇女（履中の皇女）
高屋城山	122m	6世紀初頭	仁賢皇后	春日大娘皇女（雄略皇女）
白髪山	115m	6世紀初頭	仁賢妃	糠君娘（和珥臣日爪女）
野中ボケ山	122m	6世紀前半	武烈皇后	春日娘子

注記 1：安康皇后中磯皇女の墳墓を鉢塚古墳に比定する理由は、刺殺された大王安康の墳墓に比定する岡ミサンザイ（墳丘長 242m）のちょうど 1/4 倍となり、かなり小さいこと、かつ、陪塚と理解できることによる。

（4）百舌鳥古墳群

次に、百舌鳥古墳群である。古市古墳群と同様な考えである。

后妃として絞りこんだ候補者 6 人（大王 4 人）

履中　　皇后：草香幡梭皇女（応神の皇女）

允恭　　皇夫人：津野媛（大宅臣の祖和珥木事の女）

允恭　　妃：弟媛（津野媛の妹）

雄略　　皇后：草香幡梭姫皇女（仁徳の皇女）

雄略　　妃：和珥童女君（春日和珥臣深目の女）

顕宗　　皇后：難波小野王（難波王、丘稚子王の女、石木王の女とも）

候補とする墳墓：規模順・近接性。墳墓 11 基の諸データ

百舌鳥大塚山	168m	5世紀頃。昭和 20 年代に消滅。
乳岡	155m	4世紀末頃の築造。百舌鳥古墳群では最も時期が遡る⇒除外
田出井山	148m	5世紀後半頃
いたすけ	146m	5世紀後半
長山	全長 110m	4世紀後半。消滅　⇒地方の有力氏族首長か？⇒除外

永山	104m	5世紀（推定）。大山の陪塚 ⇒除外
長塚	全長102m	5世紀中葉頃。墳丘は三段。造出し。盾形の周濠。
		円筒埴輪と朝顔形埴輪、蓋形埴輪、土師器。葺石。
		規模が大きく、墳形も整っているので独立した古
		墳。⇒大山の陪塚
丸保山	87m	5世紀　大山の陪塚。帆立貝式　⇒除外
城ノ山	77m	5世紀後半。前方後円墳か。室町時代に城。かなり改変
		を受け消滅
定の山	69m	5世紀中－後半。帆立貝式
御廟表塚	68m	5世紀中－後半。帆立貝式

候補とする墳墓：編年順・近接性；6基⇔6人の対応

百舌鳥大塚山	168m	5世紀頃		履中皇后	草香幡梭皇女（応神の皇女）
田出井山	148m	5世紀後半頃		允恭皇夫人	津野媛（大宅臣の祖和珥木事の女）
いたすけ	146m	5世紀後半	}	允恭妃	弟媛（津野媛の妹）
定の山	69m	5世紀中－後半		雄略皇后	草香幡梭姫皇女（仁徳の皇女）
御廟表塚	68m	5世紀中－後半		雄略妃	和珥童女君（春日和珥臣深目の女）
城ノ山	77m	5世紀後半		顕宗皇后	難波小野王（丘稚子王の女）

注記1：允恭は葛城氏を背景に勢力を保持していたので、2人の后妃の墳墓もそろって大きく築造したとする。しかも長大な墓域なので、后妃墓の所在も距離的にかなり離れていても良いとした。大山陵（＝被葬者は允恭）は周囲に3重に張られた周濠も入れれば、全長で800m、幅630mといわれる。

注記2：雄略皇后草香幡梭姫皇女に関しては履中皇后草香幡梭皇女と同一人物説もあるが、筆者は別人とした。

注記3：現状の城ノ山は前方後円墳（全長77m）とされているが、室町時代に城としてかなりの改変を受けていた、とのことである。後円部径は53mという。筆者はこの規模の墳墓と墳形から帆立貝式（全長約60m）を想定した。しかも、立地的（堺市北区百舌鳥西之町1丁）、距離的には百舌鳥御廟山の后妃墓としての位置づけが合理的だと判断した。

注記4：顕宗皇后難波小野王は『日本書紀』仁賢2年（499年）秋9月条に「宿、敬なかりしことを恐りて自ら死せましぬ」と記される。

４．后妃墓比定結果

古市古墳群と百舌鳥古墳群の后妃墓比定につき表４、表５に示す。

（１）古市古墳群

表４　古市古墳群の后妃墓比定表

雄略陵	120m	５世紀後半		応神皇后	仲姫命　（品陀真若王の女）
古室山	150m	５世紀前半		仁徳皇后（後）	八田皇女（応神の皇女）
大鳥塚	110m	５世紀前半		仁徳妃	宇遅之若郎女（応神の皇女）
野中宮山	154m	５世紀半ば	⇕	反正皇后	忍坂大中媛
はざみ山	103m	５世紀半ば		反正妃	弟姫（衣通郎姫、皇后の妹）
鉢塚	60m	安康		安康皇后	中磯皇女　（履中の皇女）
高屋城山	122m	６世紀初頭		仁賢皇后	春日大娘皇女　（雄略の皇女）
白髪山	115m	６世紀初頭		仁賢妃	糠君娘　（和珥臣日爪女）
野中ボケ山	122m	６世紀前半		武烈皇后	春日娘子

注記１：雄略陵の墳丘長120mは前方後円墳として高屋城山古墳から筆者が復元推定した値。

（２）百舌鳥古墳群

表５　百舌鳥古墳群の后妃墓比定表

百舌鳥大塚山	168m	５世紀頃		履中皇后	草香幡梭皇女（応神の皇女）
田出井山	148m	５世紀後半頃		允恭皇夫人	津野媛（大宅臣の祖和珥木事の女）
いたすけ	146m	５世紀後半	⇕	允恭妃	弟媛（津野媛の女）
定の山	69m	５世紀中―後半		雄略皇后	草香幡梭姫皇女（仁徳の皇女）
御廟表塚	68m	５世紀中―後半		雄略妃	和珥童女君（春日和珥臣深目の女）
城ノ山	60m	５世紀後半		顕宗皇后	難波小野王（丘稚子王の女）

注記１：城ノ山の墳丘長60mは筆者推定値

具体的には各比定被葬者を図１　古市古墳群大王・后妃墓比定図、図２百舌鳥古墳群大王・后妃墓比定図に示す。

また、以下には本試論により判明した主な后妃墓（古市古墳群９基、百舌

鳥古墳群6基）に関する事項を下表の a. から o. にまとめる。

大王名（ｶｯｺ内は古墳名）	比定后妃墓（ｶｯｺ内は后妃名）	備考
a.応神（津堂城山）	雄略陵（別名島泉丸山古墳、皇后中姫命）	
b.仁徳（仲ツ山）	古室山（皇后八田皇女）、大鳥塚（妃宇遅之若郎女）	
c.反正（誉田御廟山）	野中宮山（皇后忍坂大中媛）、はざみ山（妃弟姫）	
d.安康（岡ﾐｻﾝｻﾞｲ）	鉢塚（皇后中磯皇女）	
e.清寧（市の山）		持たない
f.仁賢（前の山）	高屋城山（皇后春日大娘皇女）、白髪山（妃糠君娘）	軽里大塚
g.武烈（墓山）	野中ﾎﾞｹ山（皇后春日娘子）	
h.履中（上石津ﾐｻﾝｻﾞｲ）	百舌鳥大塚山（皇后草香幡梭皇女）〔消滅〕	最大規模
i.允恭（大山）	田出井山（皇夫人津野媛）、いたすけ（妃弟姫）	
j.雄略（土師ﾆｻﾝｻﾞｲ）	定の山（皇后草香幡梭皇女）、御廟表塚（妃和珥童女君）	
k.顕宗（百舌鳥御廟山）	城ノ山（皇后難波小野王）〔消滅〕	最小規模

l. 立地については、いずれの后妃墓も大王墓から１ｋｍ内外に近接しているといえる。最も大王墓から離れているのは現状では大山（允恭）と田出井山（允恭皇夫人）である。

m. 大王墓と后妃墓が比定されたことで、大王の墳形形態が大規模前方後円墳（墳丘長最大４８６ｍ～最小１８６ｍ）、后妃の墳形形態は中規模前方後円墳（墳丘長最大１６８ｍ～最小６０ｍ）、もしくは、帆立貝式前方後円墳（３基）であることが判明した。また、一部の皇子墓は小規模な１００ｍ前後の前方後円墳と思われる。さらに、従来の大きな括りでいわゆる陪塚と称されていたものが小規模な円墳、あるいは、方墳であるというより具体的な特定の副葬品を多量に埋納したものとする狭義の定義ができよう。

n. 土師ﾆｻﾝｻﾞｲ百舌鳥古墳群）と岡ﾐｻﾝｻﾞｲ（古市古墳群）の編年については、定説では土師ﾆｻﾝｻﾞｲ⇒岡ﾐｻﾝｻﾞｲといわれている。しかし、拙案「倭の七王」では、大王墓として比定する際に、これを逆の岡ﾐｻﾝｻﾞｲ（安康）⇒ 土師ﾆｻﾝｻﾞｲ（雄略）として、大王系譜に直系・傍系を見出した。そして、本稿による后妃墓比定において、安康の１人（皇后中磯皇女）の后妃墓（鉢塚）と雄略の２人（皇后草香幡梭姫皇女と妃和珥童女君）の后妃墓（それぞれ定

の山と御廟表塚）という結果を得たことは、岡ミサンザイ⇒土師ニサンザイとする編年の納まりがより良くなったといえよう。

o.「紀」に記す文献上の系譜と古市・百舌鳥古墳群の后妃墓である考古学上の実体である古墳遺跡との対応が１：１でとれ、結果、応神皇后仲姫命から武烈皇后春日娘子を中心とする大王后妃が実在し系譜上でも信頼に値することが判明したことである。これが何よりも重要な事である。

特記：

　※１：反正と允恭の后妃については、「倭の七王」系譜によれば、入替わることになる。

本稿での比定は「倭の七王」に基づく。

	「紀」	拙案「倭の七王」
⑱反正	皇夫人：津野媛	皇后：忍坂大中姫
	妃：弟媛（津野媛の妹）	妃：弟姫（皇后の妹）
⑲允恭	皇后：忍坂大中姫	皇夫人：津野媛
	妃：弟姫（皇后の妹）	妃：弟媛（津野媛の妹）

　※２：誉田御廟山の東側に隣接する二ツ塚の被葬者を仁徳皇子の住吉仲皇子に比定する「仲ツ山と誉田御廟山の関係図」（図４）も示す。

　※３：陪塚には他に帆立貝式前方後円墳があり、人体埋葬が認められる例が多く、近親者や従臣の古墳とされる。筆者は、特に、大山の北西側スグに近接して所在する永山古墳と丸保山古墳に着目した。つまり、これらは、個別のものではなくその相互の近接性から、例えば葛城氏の馬見古墳群に所在する巣山（葛城襲津彦）と乙女山（磐之媛）、西都原古墳群に所在する女狭穂塚（日向諸県君牛井）と男狭穂塚（髪長媛、仁徳妃）のような関係にある１組の古墳であると推定した。結果、いささか歯切れの悪い比定ではあるが、永山を在地有力首長、丸保山をその妻とした。

※４：古市・百舌鳥古墳群の大王墓、后妃墓、皇子墓などの配置をみると、特に、大王允恭を被葬者に比定する大山を中心として、南北を軸に北は田出井山から南はいたすけにいたるまで、陪塚をも含むと実に多数の大小の墳墓が、あたかも銀河の流れの如く配列されているように思う。大王達一族の没後の天空の世界を地上の星として具現化したのだろうか？それはともかく、大山（允恭）に限らず、上石津ミサンザイ（履中）、土師ニサンザイ（雄略）、百舌鳥御廟山（顕宗）についても、当時の河内・和泉の地理地形の特性を活かした立地計画によるからだろうか、いずれも南北に細長い短冊状の墓域に大王墓を中心に据え、墓域軸を考慮した后妃墓や陪塚を配置しているように考えられる。

　ちなみに、古市古墳群と百舌鳥古墳群について、当該自治体より次の説明がある。

　「古市古墳群には、前方後円墳３１基、円墳３０基、方墳４８基、墳形不明１４基、計１２３基から構成され、群中には墳丘長２００ｍを超える巨大な前方後円墳６基を含んでいる。４世紀後半から６世紀中葉に形成されたとされている。この古墳群の特色の一つは、墳丘長４００ｍを超える巨大な前方後円墳、誉田御廟山古墳から一辺１０ｍに満たない小型方墳まで、墳形と規模にたくさんのバラエティをもっていることである」（堺市ＨＰより）

　一方、百舌鳥古墳群については以下の説明がある。

　「本古墳群は、４世紀後半から６世紀前半にかけて形成され、もとは２００基を超える古墳が築造され、その後墳丘が失われたものもあるが、現在でも８９基の古墳が残っています。群中最大の古墳は墳丘長４８６ｍの仁徳天皇陵古墳です。墳丘長４２５ｍの応神天皇陵古墳、墳丘長３６５ｍの履中天皇陵古墳、墳丘長２９０ｍのニサンザイ古墳、墳丘長２９０ｍの仲姫皇后陵古墳、墳丘長２４２ｍの仲哀天皇陵古墳がこれに続きます。墳丘長２００ｍ以上の古墳は１１基あり、こうした巨大な古墳の多くは、複数の周濠を有し、周囲には特に陪塚と呼びならわされてきた中小の古墳を伴っています。墳形別にみると、前方後円墳４３基（うち帆立貝形墳１２基）、

円墳２４基、方墳２２基となっています」（羽曳野市ＨＰより）

　※５：古市（直系）古墳群・百舌鳥（傍系）古墳群の築墓について次のように想定した。

　まず、古市古墳群の築墓順は以下である。

津堂城山（⑮応神）⇒ 仲ツ山（⑯仁徳）⇒ 誉田御廟山（⑱反正）⇒ 岡ミサンザイ（⑳安康）⇒ 市野山（㉒清寧）⇒ 前の山（㉔仁賢）⇒ 墓山（㉕武烈）

　この順番で古市古墳群大王・后妃墓比定図（図１）をたどってゆくと最初の津堂城山を古市古墳群の始点として北端に築墓した後、約２ｋｍ東南に仲ツ山を築墓した。続いて、誉田御廟山（古市古墳群中最大）をその南に築墓する。ところが、次の岡ミサンザイは築墓の主列から少し外れているように見受けられる。安康の悲劇によるものだろうか。清寧を被葬者とする市野山は主列の北端となる。後嗣がいなかったためだろうか？さらに前の山を主列の南端に築墓する。最後の墓山も主列の誉田御廟山と前の山との間に窮屈そうに築墓したのは、主列の南でのスペースが確保できなかったのだろう。

　百舌鳥古墳群は以下とする。

上石津ミサンザイ（⑰履中）⇒ 大山（⑲允恭）⇒ 土師ニサンザイ（㉑雄略）⇒ 百舌鳥御廟山（㉓顕宗）

　同様に、この順番で百舌鳥古墳群大王・后妃墓比定図（図２）をたどってゆくと、三角形の角_{かど}の３点に築墓した後、最後の百舌鳥御廟山は他にスペースがなくてやむなく三角形の中ほどに築墓したように見える。つまり、窮屈ながらも割り込んだように思える。

　以上はあくまで、現状の配置からみた想定の域をでない。が、少なくとも応神没年を４２９年、武烈没年を５０６年とすれば、この７８年間＋５年程度の間に、古市に大王墓７基、后妃墓９基、皇子墓３基、一方、百舌鳥に大王墓４基、后妃墓６基を築墓したのである。ザックリ７５年間で２９基となる。これを切りよく８０年／３０基とすれば、単純にならして、２〜３年／基の築造頻度をかけたことになる。いずれにせよ、当時としては、古市・百舌鳥地域に膨大な労力を投じて、しかも、８０年ほどの長期にわ

たって、大規模工事で築墓し続けた様子が思い浮かばれる。

　※６：私は津堂城山の被葬者を応神に、雄略陵（別名島泉丸山）をその皇后中姫命に比定するが、両墳墓の距離は約１ｋｍである。とすれば、津堂城山を中心として半径１ｋｍ内外に、皇后を除く応神妃１０人のうち、畿内王族と思われる品陀真若王などに所縁をもつ３、４人の后妃墓が所在したであろうと推測する。現在の大和川は江戸時代に付替え工事をされたので、それ以前の何がしかの文献史料に記載があるかもしれない。詰め切るにはいささか駒不足ではあるが、その折の大規模な付替え工事により、北側半分に所在したであろう数基は消失・流失したと推定する。

　※７：古市・百舌鳥古墳群に所在する大王墓・后妃墓・皇子女墓の墳墓形式と規模（墳丘長ベース）については下記の知見を得る。
・大王墓：最大４８６ｍ～最小１８６ｍ：前方後円墳
・后妃墓：最大１６８ｍ～最小６０ｍ：前方後円墳と帆立貝式前方後円墳
　なお、皇子女墓については、墳丘長１１０ｍの二ツ塚のみ比定する。

　ちなみに、全国的な範囲での『宋書』に記す倭隋等十三人と軍郡二十三人の古墳（前方後円墳）については最大３６０ｍ～最小１１０ｍ程度の規模と推測できる。

　※８：『万葉集』巻一第一歌にはあまりにも有名な雄略の歌を載せる。この長歌に登場する"菜を摘む乙女"は雄略妃の和珥童女君（春日和珥臣深目の女）であろうか？とすれば、現在の奈良県の脇本（朝倉）から和爾（天理市）付近まで山の辺古道を遠出したときの想いなのだろうか？　ちなみに、私は百舌鳥古墳群の御廟表塚（帆立貝式、墳丘は全長約７５ｍ、後円部径約５７ｍ、高さ約８ｍ、後円部は２段）をその后妃墓に比定する。

　※９：いきなりこの后妃墓だけに焦点をあてて、被葬者や墳墓を比定することに戸惑う読者が多いであろう。他の知見なく限定された範囲内だけで比定を検討・考察することは、かなり難しいことになる。私は幸いにも、国幹となる大王墓につき邪馬台国時代の卑弥呼、男弟、男王（初代神武）、壱与の４人を始めとし、奈良盆地東南部古墳群、佐紀古墳群、『宋書』に記す「倭の五王」＋「二王」＝「倭の七王」とする知見を核として、古市・

百舌鳥古墳群について、武烈までの大王墓比定を得ている。

　本補論はそうした全体的な知見を得て、それをベースにした上での古市・百舌鳥古墳群の后妃墓比定である。全体の中での整合性の良い納まりがあり、それを求めることが重要であることは言をまたない。

図 1　古市古墳群（直系）　大王・后妃墓比定図（国土地理院地形図に一部加筆）

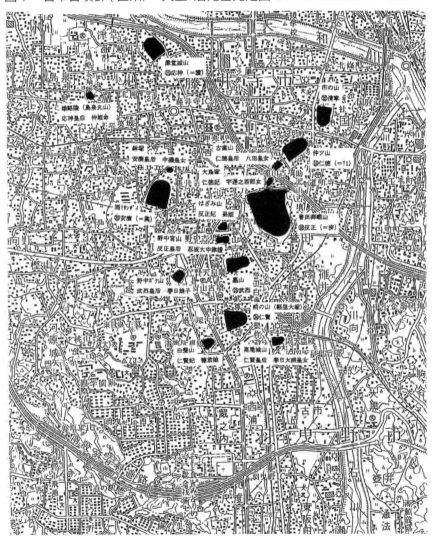

図2　百舌鳥古墳群（傍系）大王・后妃墓比定図（国土地理院地形図に一部加筆）

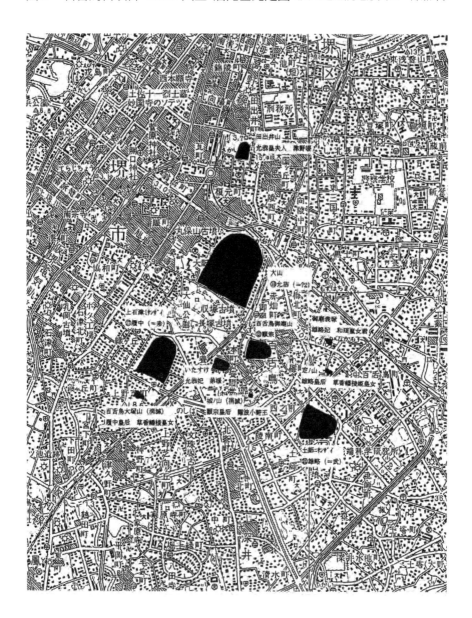

図 3　津堂城山と雄略陵　関係図

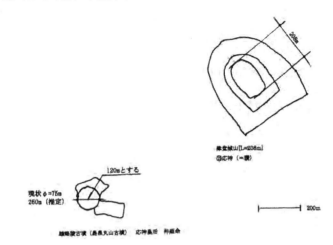

図 4　仲ツ山と誉田御廟山

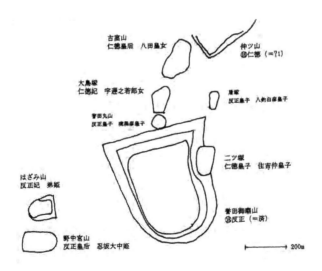

補論－2　大王在位年数グラフ：一目瞭然！

　漢字表記の「紀」や国語表現の歴史書では、例えば、神武即位年を干支
で辛酉、在位年数７６年、２代綏靖即位年は庚辰、在位年数３３年…と記
されているが、頭の中で全貌を理解するには難しい。そこで、逐一の言葉
ではなく、一目瞭然化すべく、必要事項を抽出し、１枚のグラフに落とし
込んで大王在位年数グラフ（図１）とした。

１．初代大王神武の即位年は紀元前６６０年か？

　「倭の七王」を比定したことにより、⑮応神から㉑雄略までの各大王の
在位年数（即位年－退位年）を明確にすることができた。そこで、「紀」が
記す①神武から㊶持統までの各大王の在位年数にそれらを併記した。

　この１枚のグラフの１本の直線から、まず、雄略末年あたりを境に、そ
れ以前は在位年数にズレを生じ、かつ、神武の即位年にむかって、折れて
いるグラフとなっている。一方、清寧以降の持統までは、ほぼ直線的なグ
ラフとなっている。つまり、これを境に、以前の在位年数の様相がきわめ
て不自然な折れ曲がり方（図中に変曲点として示す）であることが一目瞭然
である。これは、実際に、「紀」が記す大王の在位年数が１００年近くに
及んだり、仮に、神武即位年を紀元前（以下、ＢＣ）６６０年だとしても、
当該期の中国では東周時代や春秋時代に相当するほどの大昔の事となる。
私に限らず、誰しも、なんだかなあ、とある種の納まりの悪さを感じるの
は否めないであろう。

　そこで、七王とは言え、持統を基点にした直線を、七王を経て、神武ま
で上に引っ張ってみると、紀元後（以下、ＡＤ）２７５年±αあたりに交差
する。つまり、神武は「紀」ではＢＣ６６０年前後に活躍したと記されるが、
実際には、ＡＤ２７５年前後に活躍したことが読み取れるのである。これ
は、邪馬台国時代の壱与政権の時代に該当するといえる。

　因みに、「紀」では神武即位年はＢＣ６６０年に設定されている。この
年次の基点は干支１巡＝６０年を２１回分とすれば、１２６０年（つまり、

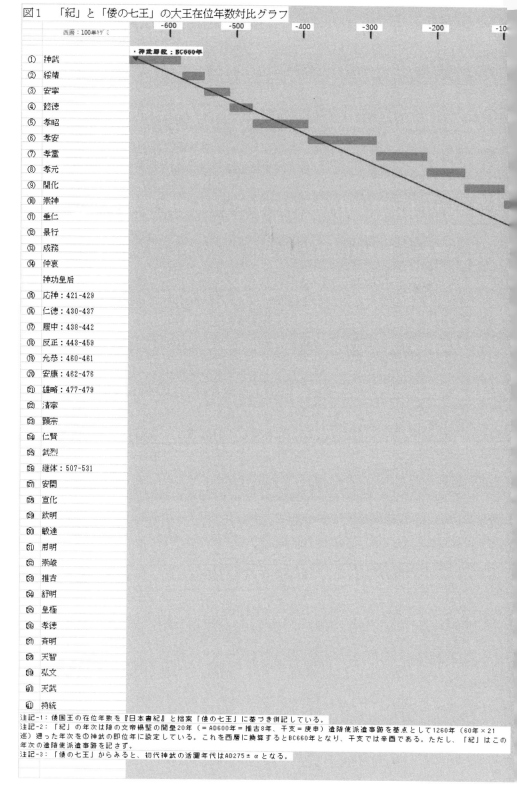

図1　「紀」と「倭の七王」の大王在位年数対比グラフ

西暦：100年サザミ

		-600	-500	-400	-300	-200	-10

・神武即位：BC660年

① 神武
② 綏靖
③ 安寧
④ 懿徳
⑤ 孝昭
⑥ 孝安
⑦ 孝霊
⑧ 孝元
⑨ 開化
⑩ 崇神
⑪ 垂仁
⑫ 景行
⑬ 成務
⑭ 仲哀
　　神功皇后
⑮ 応神：421-429
⑯ 仁徳：430-437
⑰ 履中：438-442
⑱ 反正：443-459
⑲ 允恭：460-461
⑳ 安康：462-476
㉑ 雄略：477-479
㉒ 清寧
㉓ 顕宗
㉔ 仁賢
㉕ 武烈
㉖ 継体：507-531
㉗ 安閑
㉘ 宣化
㉙ 欽明
㉚ 敏達
㉛ 用明
㉜ 崇峻
㉝ 推古
㉞ 舒明
㉟ 皇極
㊱ 孝徳
㊲ 斉明
㊳ 天智
㊴ 弘文
㊵ 天武
㊶ 持統

注記-1：倭国王の在位年数を『日本書紀』と拙案「倭の七王」に基づき併記している。
注記-2：「紀」の年次は隋の文帝楊堅の開皇20年（＝AD600年＝推古8年、干支＝庚申）遣隋使派遣事跡を基点として1260年（60年×21巡）遡った年次を①神武の即位年に設定している。これを西暦に換算するとBC660年となり、干支では辛酉である。ただし、「紀」はこの年次の遣隋使派遣事跡を記さず。
注記-3：「倭の七王」からみると、初代神武の活躍年代はAD275±αとなる。

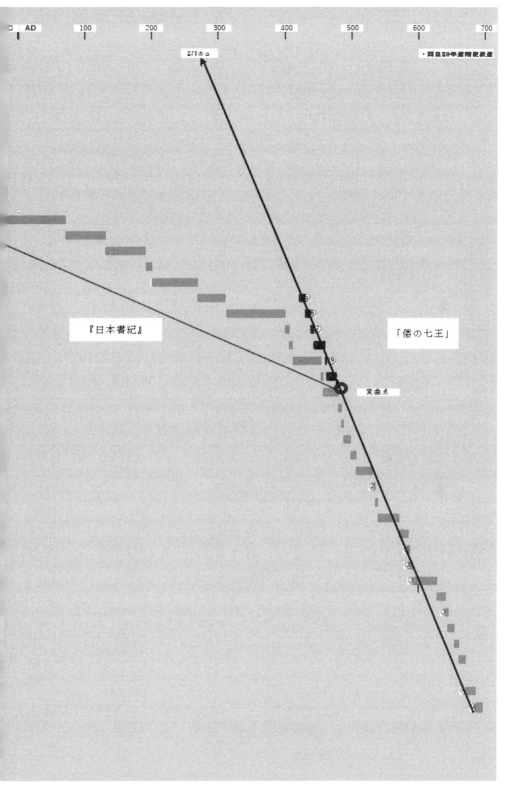

『日本書紀』

「倭の七王」

275±α

変曲点

・岡田20年遷都改派遣

１２６０＝６６０＋６００）となるので、差し引くとＡＤ６００年である。

　従って、基点年次は推古8年＝庚申であり、隋の開皇２０年である。即ち、倭国が隋に初回の遣隋使を発遣した年次である。通説に言う推古9年＝辛酉＝ＡＤ６０１年ではないことがわかる。「紀」にはどういうわけかこの事跡は記されず、『隋書』「東夷傳俀國傳」は高祖文帝の問いに遣使が答えた様子が記されている。

　因みに、その様子は「開皇二十年 俀王姓阿毎 字多利思北孤 號阿輩雞彌 遣使詣闕・・・」と記されるが、この「思北孤」こそ「推古」の音（オン）である。

２．欠史八代か？

　通説では、②綏靖から⑨開化までは「紀」にはさしたる事跡も記されず、従って、非実在の大王とされる。しかし、仮に「紀」の年次に信を置いて、綏靖から開化までの間を「欠史八代」として、横バーを消し去るとどうなるか？　このザックリ５００年間は全くの大王が存在しなかった大和由来の大王政権の権力空白の期間となるのか？　このような様相が有り得たのだろうか？　とても、そうは考えられない。皆さんも、紙にグラフを書いて、当該年を消しゴムで消していただくと、それを実感いただけよう。とすると、初代神武が仮にＢＣ６６０年に即位・活躍したとして固定し、次は⑩崇神がＢＣ１００年頃に即位したとするのか？　でなければ、このぽっかり空白となったザックリ５００年は一体誰がどう埋めるのだろうか？　この間、倭国に大王が存在しなかったというのだろうか？　それとも、⑩崇神から⑭仲哀までの５人の大王が埋めるのだろうか？　こうなると、大王1人当たりの在位年数が、ますます長期化するのでは？　これもあり得ない。

　ということは、とても「欠史八代」という架空の話ではなく、拙案の直線軸上に初代神武から綏靖・・・孝元、開化、崇神、・・・が実在して、それなりの年数で在位したと考える方が合理的である。同様なことは、⑬成務、⑭仲哀についてもいえる。

　平たく言えば、「紀」の設定した㉑雄略以前の大王の即位年次や退位年次は、実体に即していない「紀」の創話だといえるのである。

３．２倍年暦

　上述の神武即位年の不自然さに着目したのは、何も私だけではない。通説には、古代の倭国では現行の１年を、春１年、秋１年で２年と数えていたとする『２倍年暦』とか、さらには、１つの季節を１年と数え、１年を４年とする『４倍年暦』まである、という。

　この２倍年暦を目にする限り、例えば、始点の神武のＢＣ６６０年からどの大王までの事跡年次を終点としているのか、判然としない。そこで、筆者なりに仮に雄略の末年（＝ＡＤ４７９年）を終点（この点を数学的に難しい用語でいえば変曲点といえるかもしれない）にとって固定し、「紀」に記す大王在位年数を単純に２で割って、グラフ化してみた。すると、例えば、神武の即位年次はＢＣ９０．５年と算出できる。端数の０．５年がつくのが愛嬌といえば愛嬌ではあるが、ともかく、ＢＣ９０．５年である。（さらには、５代孝昭の在位年数は８３年、８代孝元は５７年、１１代垂仁は９９年の如く、在位年数が奇数の大王がいる。いずれも２で除すと０．５がつくが、この点を２倍年暦論者はどう処理しているのか私は寡聞にして知らない）。

　以下、綏靖、・・・雄略まで同様に算出し、グラフ化したものが図２である。

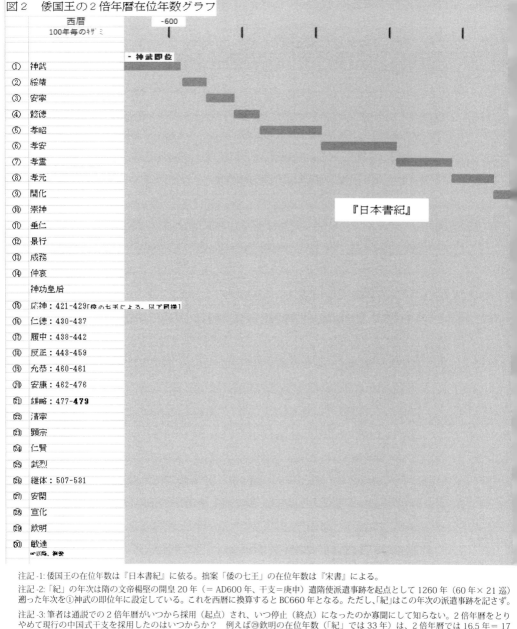

図2　倭国王の2倍年暦在位年数グラフ

注記 -1: 倭国王の在位年数は『日本書紀』に依る。拙案「倭の七王」の在位年数は『宋書』による。

注記 -2:「紀」の年次は隋の文帝楊堅の開皇 20 年（= AD600 年、干支＝庚申）遣隋使派遣事跡を起点として 1260 年（60 年× 21 巡）遡った年次を①神武の即位年に設定している。これを西暦に換算すると BC660 年となる。ただし、「紀」はこの年次の派遣事跡を記さず。

注記 -3: 筆者は通説での 2 倍年暦がいつから採用（起点）され、いつ停止（終点）になったのか寡聞にして知らない。2 倍年暦をとりやめて現行の中国式干支を採用したのはいつからか？　例えば㉙欽明の在位年数（「紀」では 33 年）は、2 倍年暦では 16.5 年＝ 17 年になるのか？

注記 -4: 拙案では 2 倍年暦の終点を㉑雄略の末年＝ 479 年（図の「変曲点」）とし、2 倍年暦の神武即位年は 569.5 年（＝（660 ＋ 479）/2）と求める。これを切り上げて 570 年と設定する。つまり、西暦換算では、479 － 570 ＝－ 91 年である。従って、在位年数は 76/2 ＝ 38 年となる。

注記 -5: 在位年数や空位年数が奇数年の場合、2 倍年暦ではどう対応したか全く不明。本表では便宜上、端数を切上げる。

注記 -6:2 倍年暦とすれば、初代大王神武の即位年は紀元前 91 年となるが、この時代に実在したとする根拠は何だろうか？また、2 倍年暦では⑩崇神は AD200 年代の活躍となるが、年代観はマッチするのだろうか？

注記 - 7: 因みに、「倭の七王」の在位年数を元にした傾きの直線を過去に遡らせてみると、初代大王神武は AD275 ＋ α に活躍したことがわかる（図 1 参照）。

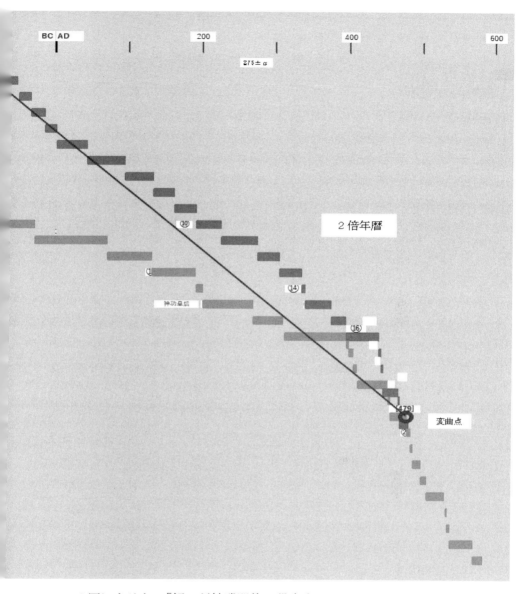

BC AD　　　　　　　200　　　　　　　400　　　　　　600

275±α

⑩

２倍年暦

⑪

⑭

神功皇后

⑯

[479]

変曲点

　この図によると、「紀」が神武即位に設定するＢＣ６６０＝辛酉に信を
置かず、「２倍年暦」のＢＣ１００年前後が新しい知見となるが、果たして、
この年次は実相なのだろうか？　干支でいえば、何にあたるのだろうか？
　魏志倭人伝に登場する卑弥呼の時代がｻﾞｯｸﾘＡＤ２００年代前半である。
これよりも、３００年程前に既に、倭国に初代大王とする神武が活躍して
いたとなるが、マッチする考古の知見が何かあるのだろうか？　神武はど

71

こで活躍していたのだろうか？　さらに、１０代崇神の活躍年代はＡＤ
２００初期頃となるが、まさに卑弥呼が共立された時代に近い。この卑弥
呼と崇神が同年代に近いとすることは実体にマッチしているだろうか？
そもそも、文字のない時代のこうした事跡（＝情報）が、一体、後世にど
のような方法で正確に伝わったとするのか？　因みに、拙案では崇神はＡ
Ｄ３６０年頃を活躍年代とする。それでも、なぜ、雄略紀を境に在位年数
グラフの折れ曲がり具合（＝傾き）が大きく変化するのか不自然さをぬぐ
いきれない。おそらく、３倍年暦や４倍年暦にしたところで、埒が明かな
いだろう。従って、きわめて不合理で、木に竹を接いだ考えだといえる。

　倭国では昔から、それなりに春夏秋冬があったには違いないが、一体、
何を根拠にこうした年暦が運用されていたとするのだろうか？　そうした
年暦での各大王の事跡をどうやって「紀」の時間軸に対応させたのだろう
か？　細かい話だが端数はどうやって処理したのだろうか？　「紀」では
年次として中国の干支と完全に整合する干支を記している。どうやって、
対応させたのだろうか？　現行の１年という暦に変更されたのはどの大王
からか？　何か史料上の確証があるのだろうか？　邪馬台国の魏・西晋へ
の朝貢、４００年代の応神に始まる宋への朝貢時には中国が下賜したその
時々の「暦」も含まれていただろうが、いかんせん、倭人がそれを運用で
きたとはとても想像し難い。もっとも、当時の倭国には記録する文字も媒
体（文房四宝）もなかったであろうから、何もわざわざ２倍年暦などとい
うめんどうくさい暦を考え出す必要もなかったであろう。

　従って、２倍年暦なるものは不合理であるといわざるを得ない。「紀」
に記す初代大王神武の即位年をＢＣ６６０年（＝辛酉）とすることに端を
発する誤認の連鎖・積層の１つである。

補論－3 「紀」が描く４００年代の時間軸

　４００年代の中国北朝・南朝、『宋書』、記紀、百済の各皇帝、大王・王の即位年－退位年、在位年数を「『宋書』と記紀の大王在位年数比較表」（図１）に示す。特に、『宋書』倭国伝による「倭の五王」と『宋書』倭国伝＆皇帝本紀による「倭の七王」、さらには、記紀も併記しているので相互の時間軸の差異を明瞭に認識いただけよう。

　これによると、例えば、「紀」の允恭紀は、ほぼ「倭の七王」の応神、仁徳、履中、反正の年次と重なり、また、同様に雄略紀は反正、允恭、安康、雄略と重なっていることに気づく。この意味するところは、「紀」の各大王紀の事跡が倭の七王の各大王の事跡に対応するとは、とても考えづらいということである。即ち、「紀」の允恭紀４１２年－４５３年間の事跡のすべてが、「倭の七王」の允恭紀４６０年－４６１年に含まれるのか？

　同様に、「紀」の雄略紀４５７年－４７９年間の事跡のすべてが、「倭の七王」の雄略紀４７７年－４７９年に凝縮されるか？

　これら「紀」の允恭紀や雄略紀に記す１つ１つの事跡が、真にどの大王の事跡なのか？　このことは、今後の私の課題としたい。

図1 『宋書』と記紀の大王在位年数比較表

西暦	中国王朝 北朝 北魏：386-534	中国王朝 南朝 東晋：317-420	宋書「倭の五王」[通説]	宋書「倭の七王」[拙案]	紀	記	百済 王：在位期間
~					⑰履中（400-405）		
405	①道武帝 拓跋珪 398-490		不詳	不詳			⑱腆支王 405-420
406					⑱反正（406-410）		
407	※倭国の東晋への朝貢事跡はあるのか？ いつ？						
408							
409	②明元帝 拓跋嗣 409-423				空位		
410							
411							
412				讃か			
413				※1：「南史」「梁書」には東晋の安帝紀に倭王讃（讃）の朝貢事跡が記される。しかし、この年次は東晋で、南朝宋ではない。倭国が独自でこの年次に東晋に朝貢する国力や事績はないと考える。			※2：397年、阿莘王の時、倭に入質（394年直支、太子に立つ）、408帰国
414							
415							
416							
417							
418							
419							
420		宋：420-479 ①武帝：420-422					⑲久尓辛王 420-427
421			讃	讃＝⑮応神 421-429			
422						仁徳没	
423	③太武帝 拓跋燾 423-452						
424		③文帝 424-453 元嘉の治					
425							
426							
427						履中没	⑳毗有王 427-455
428							
429					⑲允恭（412-453）		
430				?1（＝⑯仁徳、祖禰か）430-437			
431							
432							
433							
434						反正没	
435							
436							
437							
438			珍	珍（＝⑰履中）438-442			
439							
440							
441							
442							
443			済	済（＝⑱反正）443-459			※毗有王の代には戦乱記事は見られず。
444							
445							
446							
447							
448							
449							
450							
451							
452	④文成帝 拓跋濬 452-465						
453		④孝武帝 453-464				允恭没	
454					⑳安康（454-456）		
455							㉑蓋鹵王 455-475
456							
457					㉑雄略（457-479）		
458							
459							
460				?2（＝⑲允恭）460-461			
461							
462			興	興（＝⑳安康）462-476			
463							
464							
465	⑤献文帝 拓跋弘 465-471						
466							
467							
468							
469							
470							※3：472年、余慶は北魏の孝武帝即位の慶賀使節派遣、高句麗の非道を訴え、討伐を上表する。（『魏書』百済伝）
471							
472							
473							
474							
475							
476							㉒文周王 476-477
477		⑧順帝：477-479	武 ↓ 宋書では退位年不明	武（＝㉑雄略）477-479 ※宋書では武の退位年不明だが、「紀」を反映			㉓三斤王 477-479
478							
479		斉：479-502					
480					㉒清寧（480-484）		
481							
482							

※4：雄略紀20年条、百済記から「蓋鹵王のこ卯年(<475)を、附礼（漢城）陥落、国王・王族殺し、百済滅亡」を引用する。475年は雄略紀ではなくて安康紀となる。

74

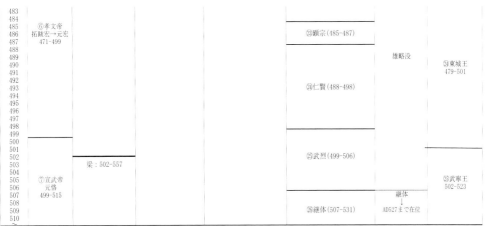

```
483
484
485    ⑥孝文帝                                    ㉓顕宗(185-487)
486    拓跋宏→元宏
487    471-499
488
489                                                                              雄略没        ㉑東城王
490                                                                                          479-501
491
492                                              ㉔仁賢(488-498)
493
494
495
496
497
498
499
500
501
502    梁：502-557                                ㉕武烈(499-506)                                ㉕武寧王
503                                                                                           502-523
504
505    ⑦宣武帝                                                          継体
506    元恪                                                            AD527まで在位
507    499-515                                   ㉖継体(507-531)
508
509
510
~
```

注記1：『宋書』高祖永初2年に「倭讃」として登場するのはAD421年であるが、本表では『晋書』安帝紀 義煕9年（413年）是歳条で、「高句麗と倭国が遣使して方物を献上した」とする事跡も反映している。

注記2：〇内数字は「紀」に記す天皇（＝大王）の代数を示す。「記」には天皇の没年のみが記されている。在位期間の点線は筆者の推定とする

注記3：『三国史記』では三斤王が479年11月に死去したので即位したと記すだけであるが、「紀」雄略23年（479年）4月条では、「百済文斤王（三斤王）が急死したため、倭に人質として滞在していた昆支王第2子の末多王が幼少ながら聡明だったので、天皇は筑紫の軍士500人を付けて末多王を百済に帰国させ、王位につけて東城王とした」と記す。

注記4：413年とされる讃の朝貢年（※1）、太子直支の倭国入質（※2）、蓋歯王の北魏朝貢・上表（※3）、百済滅亡（雄略紀20年条に引く百済記乙卯年＝AD475（※4））

補論－4　大王墓墳丘長から読み取る大王権

　一般に王朝や王権が強勢な時期には、その時の大王の墳墓は大きな規模で築造されるであろう。逆もまた真なりであろうか。

　そこで、倭の大王初代神武から継体までの大王墓墳丘長を追ってみた。従来の大王治世の事跡イメージとは異なるとらえ方が出来る。大王墓墳丘長グラフ（図1）を示す。（なお、各大王の比定古墳については本書の当該章を参照）

図1　大王墓墳丘長グラフ　（横軸の数字は大王の代数、縦軸は墳丘長〔m〕）

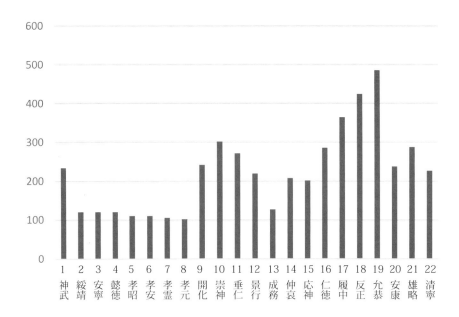

①奈良盆地東南部古墳群

	代数	1	2	3	4	5	6	7	8	9	10
	大王	神武	綏靖	安寧	懿徳	孝昭	孝安	孝霊	孝元	開化	崇神

②佐紀古墳群

	代数	11	12	13	14
	大王	垂仁	景行	成務	仲哀

③古市・百舌鳥古墳群

	代数	15	16	17	18	19	20	21	22	23	24	25
	大王	応神	仁徳	履中	反正	允恭	安康	雄略	清寧	顕宗	仁賢	武烈

④三島古墳群
　　　代数　　２６
　　　大王　　継体

このデータから読み取れることは以下である。
（１）奈良盆地東南部古墳群－１
最初に墳丘長に大きな変化が見られるのは大王墓としての西殿塚の巨大定
型化前方後円墳の出現である。

代数	大王	大王墓名	墳丘長 [m]
1	神武	西殿塚	２３４
2	綏靖	中山大塚	１２０
3	安寧	・・・・	・・・・
・・・	・・・・	・・・	・・・・
8	孝元	矢矧塚	１０２

（注記）ただし、綏靖が中山大塚、孝元が矢矧塚に対応する、ということではなく、
この７基のどれかが候補として当てはまる可能性が高い、ということである。

　初代大王神武の古墳（＝西殿塚）はメスリ山、箸墓と規模を競うように
築造され、画期とするにふさわしい。しかし、２代綏靖以降の大王にはも
はやその力はなく、弱体の一途をたどり、雌伏の時だったろう。規模は墳
丘長１００m前後が築造されるが、墳形は前方後円墳のなかに、前方後方
墳が２基ほど混在する。この２基の大王墓は一時、邪馬台国と相争った狗
奴国、あるいは、その他の「まつろわぬ」国の出自の初代大王墓かもしれ
ない。

（２）奈良盆地東南部古墳群－２

8	孝元	矢矧塚	１０２
9	開化	行燈山	２４２
10	崇神	渋谷向山	３０２

（注記）ただし、孝元が矢矧塚に対応する、ということではなく、上述の7基のどれかが候補として当てはまる可能性が高い、ということである。

　この孝元から開化への移行は、これこそ画期といっていいであろう。大和由来の大王家は綏靖から孝元までは、強力な大王権を主導することもなく、大和東南の地で雌伏していたのである。大王家といえども、大和地方の一有力氏族の地位に甘んじざるをえなかったのかもしれない。ところが、開化の時代に大王権を伸張させたのである。領域的には一部の東日本を含めて九州・中四国・畿内を王権的に統一したと考えられる。財力は半島を足がかりにした鉄を主とする伽耶諸国との交易であろう。この頃の交易ルートは半島経由、日本海を渡海する航路が活用されたであろう。邪馬台国以来の大動脈であった海運・陸運ルートである。そして、開化を被葬者とする行燈山の築造者を次王崇神とすれば、この崇神の時代に大王家はさらに勢力拡大したといえる。父子継承とすれば、父開化の崩御にともない、子の崇神がその力を誇示したのであろう。
　政治的には、ちょうど、四道将軍の派遣事跡に相当する時期である。出雲、吉備、北陸道、東海道、丹波（丹後）などを平定することにより、王権を拡大強化し、半島との交易品や地方からの貢産物を中央に収穫するとともに、見返りには、地方に大王権の象徴ともいえる大王墓の相似墳形・規模を与えたり、地方首長・豪族の女（むすめ）との婚姻関係などにより、政治的相互連携強化にメリットを見出して行くのである。さらには、「紀」崇神紀6年条に初めて皇女豊鍬入姫命を斎王（斎宮）とし、邪馬台国時代の卑弥呼・壱与の主宰してきた祭祀権をも統合したと考えられる。

（3）佐紀古墳群

11	垂仁	五社神	276	
12	景行	佐紀石塚山	220	
13	成務	佐紀高塚	127	（主全長）
14	仲哀	佐紀陵山	208	

　この成務の大王墓については、開化から武烈までの歴代大王墓の中で、その墳丘長規模が一番小さい。しかも、V字の底の様相を呈している。応神、仲哀と逆算して、成務である。年代的には４００年前後であろうか？　この時、何が起こったのであろうか？　一番の可能性は高句麗１９代の好太王（在位：３９１年－４１２年）が３９６年、漢江を渡り百済に侵攻したことによってもたらされた倭国への多大な影響の結果であろう。そして、このＡＤ４００年前後は仲哀紀と推定できる。

　この半島での異変が列島と半島との通交に多大な影響をもたらし、結果、数十年間の長期にわたる交易の財力縮減がそのまま大王墓築造に反映されたのであろう。

（４）古市・百舌鳥古墳群

１５	応神	津堂城山	２０８
１６	仁徳	仲ツ山	２８６
１７	履中	上石津ﾐｻﾝｻﾞｲ	３６５
１８	反正	誉田御廟山	４２５
１９	允恭	大山	４８６
２０	安康	岡ﾐｻﾝｻﾞｲ	２３８
２１	雄略	土師ﾆｻﾝｻﾞｲ	２８８
２２	清寧	市の山	２２７
２３	顕宗	百舌鳥御廟山	１８６
２４	仁賢	前の山	１９０
２５	武烈	墓山	２２４

特記　２６　　　継体　　　今城塚　　　１９０　　（三島古墳群）

　応神から允恭まではいずれも右肩上がりの上昇機運にあり、政治・経済とも順調に発展・安定していたのであろう。高句麗好太王の南進が４１０年前後には沈静化し、半島情勢に変化が生じた結果、諸国間の交易が活発

化・拡大したのである。安寧と繁栄がもたらした飛躍的な規模に発展している。墳丘長の比率をとれば一目でおわかりいただけよう。

　まず、履中である。拙案では『宋書』にいう「珍」である。４２１年に応神が初めて南朝の宋王朝に朝貢し、次王仁徳を経て約２５年。履中の登場である。『宋書』によると、元嘉１５年（４３８年）、珍自ら「使持節都督倭・百済・新羅・任那・秦韓・慕韓六国諸軍事安東大将軍倭国王」と称し、正式の任命を求める。同４月、文帝は珍を安東将軍倭国王に叙正する。珍はまた、倭隋ら１３人を平西・征虜・冠軍・輔国将軍に就けることを求め、許される、とある。倭国の国力が充実、地方の有力首長達が力を発揮し、半島との通交が活発になってきたのであろう。加耶（≒任那）を足がかりにして、百済をも視野に入れ始めたのである。で、この履中の時代からであろうか、大和の宮から河内、大阪湾にでて瀬戸内海を横断し、北九州の那珂津あたりから半島を経由しないで、直接、東シナ海を西進、大陸の寧波沖の舟山諸島や上海を目指す航路が拓かれたのではないだろうか。外洋を航海可能な構造船の造船技術、航海術、港湾などが発達したのである。無論、長距離の外洋航海に必要な船舶、航海術、熟練船員などは宋王朝由来といえよう。そして、寧波あるいは上海から長江を遡り宋の首都建康（今の南京）に至ったのであろう。また、宋皇帝の使節一行も逆の行程を辿り、倭国には河内から大和へ入り、皇帝の命を伝えたのである。途中、応神（津堂城山）、仁徳（仲ツ山）の大王墓は宋使節一行に倭国の国威を誇示する為に、河川岸立地の格好のランドマークとして築造したに違いない。南朝宋と東シナ海を直接航海できるほどの国力をもって通交した時代の幕開けともいえよう。逆に言えば、それまでの幹線ルートであった、日本海ルートは出雲や丹後を経由しつつも、衰退の運命をたどることになったのである。

　さらに、引き続き履中（上石津ミサンザイ）・反正（誉田御廟山）・允恭（大山）と巨大古墳の築造が和泉・古市で行われ、その威容は茅淳の海（大阪湾）からも遠望できたであろう。

　ところが、安康のとき、半減である。何がおこったのだろう？　拙案では、

安康の大王在位年代は西暦４６２年－４７６年である。現在、天理市石上神宮に所蔵されている七支刀の銘文中「泰□四年」を宋の泰始四年、即ち、西暦４６８年とすれば、安康の在位中だが、百済王世子から贈られたといわれる。『宋書』によれば、４６２年、「倭国王の世子興を安東将軍とする。興は済の世子」とある。安康が允恭の後を継承したのである。ただし、済は反正であることにご留意願いたい。そして、仁徳の皇子である大草香皇子を誅殺し、翌年にその妃であった中蒂姫を皇后に立てる。が、その連れ子である目弱王（眉輪王）に刺殺されたといわれる。こうした一連の政事による不安定性を反映しているのだろう。

　結果、武烈までも大王墓は２００ｍ程度の規模で推移している。何も安康だけの属性ではないだろうが、大王家は地盤沈下せざるをえなかったのであろう。

　武烈後、継体は群臣たちに請われて越前国の三国から迎えられて大王位に就いたものの、継体の大王墓の規模は隔絶というには少し小ぶりの墳丘長１９０ｍである。経済・内政の再建が円滑に実行できなかったのだろう。樟葉宮で即位後、２度の変遷を経て、大和国磐余に宮を置いたとはいえ、大王墓が摂津国三島野に所在することが、大和既存勢力との確執を物語っている。大王の血筋としては、異例だったのであろうか。近年、２００点くらいの形象埴輪が確認されたとのことである。そして、それらは４つの区画にわかれており、宮と考えられる建物を中軸線として左右に整然と配置されていたという。大王継体の王統の正当性と偉業を主張すべく、次王安閑が可視化したものだろう。私は、この４つの区画は、継体が宮とした樟葉、弟国、筒城、磐余の順番に基づき、それぞれの宮での大王権にかかわる変質の過程を物語るものとしたい。１区の樟葉に迎えられて即位するものの、やっと４区の磐余で名実共に大王となったことを多数の埴輪で一大絵巻物にしたものと思うがいかがであろうか。ちなみに、皇后である手白髪の墳墓は西山塚として大和に所在するとされる。

補論－5　七支刀・稲荷山鉄剣・江田船山鉄刀の謎

　これら３刀の価値はその銘文にあるとすれば、それを解釈することもさることながら、刻まれた銘文の意味合いをさぐることが重要であり、謎を解くことにつながる。本補論で、私なりの謎解きをまとめてみたい。その一番の鍵は「倭の七王」を使うことである。もちろん、先学の知見の厚みに屋上屋を重ねないように自戒を込めてである。

１.七支刀

　七支刀は、現在、奈良県天理市の石上神宮に所蔵されている。別名、六叉鉾と称されるように、鉾に似た主身の左右に交互に３本の枝刀を持つ計７本の刃が突き出ている形状に由来するといわれる。表に３４文字、裏に２７文字、計６１文字が金象嵌されている。

　代表的な銘文の読みを２例ほど以下に示す。

①七支刀の銘文（No.151）；藤井寺市役所 HP より引用；

　（表）泰和四年五月十一日丙午正陽造百練鋲七支刀生辟百兵宜供供侯

　王：：：作

　（裏）先世以未有此刀百滋：世：奇生聖音故為倭王造伝不：世

②七支刀の銘文；Wikipedia より引用；

　（表）泰■四年■月十六日丙午正陽造百錬■七支刀■辟百兵宜供供 (異体字、尸二大) 王■■■■作

　また

　泰■四年十一月十六日丙午正陽造百錬■七支刀■辟百兵宜供供侯王■■

　■■作

　（裏）先世（異体字、口人）来未有此刀百済■世■奇生聖（異体字、音又は晋の上に点）故為（異体字、尸二大）王旨造■■■世

　また

　先世以来未有此刀百濟■世■奇生聖音故為倭王旨造■■■世

他にも、石上神宮 HP や研究者によっていくつかの読みが提示されている。

その銘文中「泰□四年」は「泰始四年」即ち、南朝宋の明帝紀（在位
４６５年−４７１年）にあたる４６８年とする。

　宋王朝文帝が元嘉３年（４２６年）作刀していた元嘉刀の類品が理由は
不明だが、百済に渡り、時の２１代蓋鹵王（在位４５５年−４７５年）の世
子（後の２２代文周王　在位４７５年−４７７年）がその刀背に刻まれた２７文
字の銘文を参考にして七支刀を作刀したとされる。のちの文周王たる世子
は蓋鹵王１４年の直前に上佐平（軍事統帥権と国内行政権を総括する職位）に
任ぜられ、その就任通知のため名刺がわりに七支刀を贈ったとされる。（『謎
の七支刀』宮崎市定、中公文庫）

　ここで、拙案「倭の七王」を反映して若干の気づきをまとめたい。

　謎は七支刀を誰が誰に贈ったか、である。百済の世子（太子）が名刺代
わりとはいえ、倭王に贈るだろうか？　贈ったとすれば、外交上、どのよ
うな意味合いをもたせたのだろうか？　そして贈った年も同じ４６８年と
すれば、倭国は大王安康の時代（在位４６２年−４７６年とする）である。贈
る側・受け取る側の組合せは王（百済）から王（倭）、王（百済）から世子（倭）、
世子（百済）から王（倭）、世子（百済）から世子（倭）の４通り。私は倭王
安康ではなく、太子であったろう獲加多支鹵（大王雄略）に贈ったのでは
ないだろうか、と思う。理由は、単純に百済世子から倭世子への贈である。
これであれば同じ宋への朝貢国としては外交上同等の立場の人物の遣り取
りとなろう。

　当時の百済外交政策は中国南朝に通じるとともに、新羅・倭国と同盟し
て高句麗に対抗するという基本的政策をとっていた。そうした外交環境の
中で百済「世子奇」とよばれる人物が、王位を継承できる条件の一つであ
ろう軍政を担う立場に立ったので、倭国太子ワカタケルに贈ったものとす
る。無論、この「世子奇」はのちの文周王である。因みに、文周王の諱、
謚は伝わらない。

　なお、この年次４６８年の時代背景は以下の様相であろう。まず、高句
麗の長寿王が奪回した平壌へ遷都し（４２７年）、本格的に朝鮮半島方面に
進出したことに端を発する。華北の北魏との関係が安定したので、百済に

対する圧力を強め、４５５年以後、高句麗が百済への侵攻を繰り返した。

　一方、百済は、この頃に高句麗の影響力の低減を目指していた新羅と結び、蓋鹵王１８年（４７２年）には北魏にも高句麗攻撃を要請した。しかし、百済は伝統的に中国の南朝と通交していたので、北魏は高句麗がより熱心に遣使していることに触れ、百済への支援をしなかった。蓋鹵王２１年（４７５年）には高句麗の長寿王が自ら率いた大軍によって王都漢城を包囲され、敗勢が決定的とする。蓋鹵王は脱出を試みたが捕縛され殺害された。結果、百済はこの時点で滅亡したといえる。なお、この漢城陥落は『三国史記』と「紀」、そして「紀」が引用する『百済記』で言及されている。

　このような国際情勢下で、百済の国情が高句麗の圧迫を受け不安定さに直面する時代であった。倭国にも恐らくは派兵の支援を秘密裏に求めたものと思われる。

　それに対して、通説の太和４年（東晋）＝３６９年時点では、百済は十分な国力を有して高句麗に対処している。従って、倭国に顔を向ける必要もなく、むしろ、３６６年には新羅との第１次羅済同盟を百済の近肖古王と新羅の奈勿尼師今が、高句麗に対抗するため同盟を結んでいる。さらに、３７１年には、近肖古王が平壌で高句麗の故国原王を戦死させるなどの戦果を挙げているほどである。

２．稲荷山古墳出土金錯銘鉄剣

　埼玉県行田市稲荷山古墳から辛亥年（ＡＤ４７１年）銘を金象嵌１１５文字で刻む稲荷山鉄剣が出土している。拙案ではこの４７１年は大王安康の時代である。雄略期ではない。

　この金錯銘鉄剣は礫槨から出土している。この古墳は粘土槨１基も発掘されていて、他に未発見の埋葬施設１基があるとされる。

　さて、銘文：鉄剣の両面に漢字１１５文字を金象嵌で刻む。（『埼玉古墳群』高橋一夫、新泉社より引用）

　（表）辛亥年七月中記乎獲居臣上祖名意富比垝其児多加利足尼其児名弓
　　　　已加利獲居其児名多加披次獲居其児名多沙鬼獲居其児名半弓比

（裏）其児名加差披余其児名乎獲居臣世々為杖刀人首奉事来至今獲加多
　　　支鹵大王寺在斯鬼宮時吾左治天下令作此百練利刀記吾奉事根原也

参考までに 釈文は以下に示す。

（表）「辛亥の年七月中記す。ヲワケの臣上祖名オホヒコ、其の児タカリ
　　　のスクネ、其の児名テヨカリワケ、其の児名タカヒシワケ、其の
　　　児名タサキワケ、其の児名ハテヒ

（裏）其児名カサヒヨ、其児名ヲワケの臣。世々杖刀人の首として、奉
　　　事し来り今に至る。ワカタケル大王の寺、シキの宮に在りし時、
　　　吾天下を左治し、此の百練の利刀を作らしめ、吾が奉事の根原を
　　　記す也。

通説：いつどこで誰が何のために作刀・入手したのか、については、乎獲
居臣自らの八代の系譜とともに「奉事の根原」を明示する銘文を刻んだ鉄
剣を「辛亥年」に作刀したとされる。

　従って、こうした通説の解釈例として、以下が提示されている。

（イ）ヲワケは北武蔵の首長層で礫槨被葬者である。

（ロ）ヲワケは中央の首長層で礫槨被葬者である北武蔵の首長に下賜し
　　　た。

（ハ）ヲワケは中央の首長層で東国に派遣され当地で没した礫槨被葬者
　　　である。

しかしながら、私の素朴な疑問のいくつかを以下に示す。

　・辛亥年＝４７１年だが、果たして作刀した年か？　そもそも何の年次
　　か？

　・具体的な５W１Hは？　☞単純に各５つの可能性（アイディア）とすれ
　　ば 15,625 通り

　・辛亥年＝４７１年はどんな年か？　☞「倭の七王」、㉑雄略即位年。な
　　のに大王？

　・「吾が奉事の根原」とは何か？　ヲワケの身に何が起こったのか？

　・銘文作案者？　☞中国語の構文（S+V+O）、時制（来至今）、在の用例

拙案を以下に述べる。

乎獲居臣は獲加多支鹵がまだ皇子（太子ヵ）の時代に斯鬼宮に出仕して杖刀人首として仕えていた。その後、獲加多支鹵が安康の次王として即位するに伴い劉宋順帝への朝貢使節を発遣した（昇明2年＝４７８年、あるいは４７７年ヵ）。この使節団の随員としての使命を帯び、典曹人无利弖とともに建康（現南京市）に滞在した渡海記念品として作刀させた鉄剣。この2人はかつて獲加多支鹵が皇子（太子ヵ）時代の辛亥年の頃に斯鬼宮にて各々が武官、文官として共に働き、旧知の間柄であった。その後の朝貢使一員として、共に渡海した。今現在（＝４７８年）は即位して獲加多支鹵大王だが、かつては斯鬼宮にて獲加多支鹵の下での出仕が辛亥年（＝４７１年）の事跡だったので、ヲワケはそれを宋の首都建康（あるいは安羅加耶の咸安ヵ、咸安馬甲塚出土太刀を参考）で想起して銘に刻み、渡海記念のため個人的に作刀したのである。従って、「辛亥年」の意味合いは乎獲居臣が当該年に獲加多支鹵の斯鬼宮にて、杖刀人首として確かに中央に出仕していた、とする「存在証明」（タイム スタンプ、アリバイ）である。この出仕経歴こそが乎獲居臣本人の「奉事の根原」なのである。

　上番任務を解かれた後、出身地の北武蔵に帰郷した。しかし、残念なことに、嫡子が早くに没し、父からの手向けに稲荷山古墳礫槨（移葬・改葬ヵ）に副葬したのである。この古墳の真の造墓者の為の主体部が墳頂中央に有る（未発見の埋葬施設）とされているので、私は乎獲居臣をここに埋葬したと推測する。

注記：建康は中国の六朝の歴代の都であり、現在の南京市。三国時代の呉においては建業と呼ばれたが、西晋のときに愍帝（司馬鄴）の諱に触れることから、建康と改称された。建康を中心に六朝文化が栄えた。

図1　辛亥年比定の比較図

・通説：『日本書紀』ベース

雄略即位　　　　　　　　辛亥年；作刀　　　　　　雄略退位

AD457　　　　　　　　　AD471　　　　　　　　　AD479

・拙案：「倭の七王」ベース

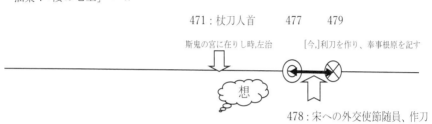

471：杖刀人首　　　477　　　479

斯鬼の宮に在りし時,左治　　　[今,]利刀を作り、奉事根原を記す

想

478：宋への外交使節随員、作刀

　その後、ヲワケは大和政権のもと、職務を全うし、出身地の埼玉に帰還する折、この金象嵌銘鉄剣を持ち帰ったのである。しかし、今風にいえば家宝として大切にしていた鉄剣が副葬されていたのはヲワケ本人の埼玉古墳群稲荷山古墳の主体部ではなかった。墳頂部の中心を少し外れた位置に所在する第1主体部と呼ばれる礫槨の木棺に副葬されていたのである。ヲワケより先に若くして没した、本来なら後を継承すべき直系（長子）の墳墓に副葬したのであろう。ちなみにヲワケは第2主体部と呼ばれる粘土槨に埋葬されていたとする。（これは同時に発掘されたが、盗掘にあっていたとのことである）。不幸にして後事を託せなかった長子に八代の系譜を銘刻した鉄剣を副葬したのである。そして、ヲワケの武蔵統治の首長権は次男であろうか、同じ埼玉古墳群中の二子山古墳に継承されるのである。丸墓山はヲワケの妻の墳墓であろう。因みに、八代の系譜とは、ヲワケ一族の家系・家族としての系譜（≒係累）ではなく、杖刀人首という「役職・職位」の代々の歴任者である。

　さらに想像をたくましくすれば、安康から雄略への代替り時にただなら

ぬ政変が勃発し、その後も杖刀人首領ヲワケは大王雄略の右腕として活躍したのかも知れない。安康暗殺伝承が残るとはいえ、この鉄剣銘文中に安康の名が出ていないことが気に掛かる。

３．江田船山古墳銀錯銘鉄刀

　熊本県玉名群和水町江田船山古墳から７５文字の銘文を刻む大刀が出土している。大刀の刀身には片面に花と馬、片面に魚と鳥が、また、棟の部分に銘文が共に銀象嵌されている。

　その銘文の代表例を以下に示す。

　『文字と古代日本　１』支配と文字（平川　南、沖森卓也、栄原永遠男、山中　章、吉川弘文館）には東野治之氏 [－ 1993] の読みとして下記を提示している。

　　治天下獲□□□鹵大王世奉事典曹人名无利弖八月中用大鉄釜并四尺廷刀

　　八十練九十振三寸上好刊刀服此刀者長寿子孫洋々得□恩也不失其所統作

　　刀者名伊太和書者張安也

　この銘文からは治天下獲加多支鹵、典曹人无利弖（ムリテ）、作刀者伊太和、書者張安などが読み取れるという。ただ、年次は銘刻されていない。この典曹人とは文官の職位であり、ムリテは獲加多支鹵（後の雄略）大王が太子（ｶ）の時に、宮廷で仕えた。拙案では獲加多支鹵大王の在位は４７７年－４７９年とする。

　やはり、武蔵のヲワケと同様、職務を全うし、はれて出身地の肥後にこの鉄刀を携えて帰還したのであろう。ちなみに、大王雄略は宋の昇明２年（４７８年）５月、皇帝順帝に上表文を奉っている。「封国は偏遠にして藩を外に作す。昔から祖彌…」という著名なもので「春秋左氏伝」などから字句が引かれているという。拙案によれば、文中、父は反正（済）、兄は安康、祖父は仁徳であることがわかる。

　思うに、この上表文の作成上奏に何らかの役割を果たしたのが、典曹人ムリテではなかろうか？　そして提出すべく外交使節団とともに随員として渡海した。その際、今風にいえば初めての海外出張であろうか、記念に安羅加耶の咸安（あるいは、百済の新しい都である熊津ｶ）で作刀させたのであ

ろう。刻んだ絵柄、作刀者、書者の名が韓風に感じられる。あるいは、宋の都、建康で作刀か?

　因みに金象嵌による銘文と装飾を刀脊（棟にあたる部分）および環頭に施された三国時代・呉の環頭大刀が中国・湖北省鄂州市鄂鋼綜合原料廠１号墓から出土している（鄂州博物館）。長さ１１６.５ｃｍ、幅２.８ｃｍ、３世紀とされる。銘文は「・・・四年・・・除殊辟后永糜窮・・・」の文字を象嵌し、辟邪・護身を意図したものだろう、と解説されている。（『三国志　特別展図録』美術出版社）

　雄略にちなんだ余談を一つ。　「倭の七王」の気づきは、例えば、「讃」のサンと応神の「神」のシン、「珍」のチンと履中の「中」のチュンなど、音が似ていることがきっかけであった。が、最後七王目の雄略だけはその対応が思いつかなかった。今にして思うのは『宋書』にいう「武」はこれを獲加多支鹵と漢字を当ててワカタケルと音して、和名では「幼武」とも書く。とすれば、最後の音「ル」が雄略の「略」＝「リャク」の「リ」と対応がとれるのでは、と思った。つまり、「武」＝「獲加多支鹵」＝「幼武」＝雄略と対応がつくのである。はたして、淡海三船（御船王：生７２２年－没７８５年）はどう対応付けたのであろうか?

　さて、これら３刀は銅鏡の通り一遍の銘文とは異なり、極めて個人的な事情をその具体的奉事の根源や吉祥文として金や銀の象嵌で刻んでいる。なぜか?　鉄剣や鉄刀に刻んだ意味合いは呪術性を重んじた、とか種々あろう。が、私は都で大王権、地方で首長権を顕現せしめるには刀剣が最もふさわしいと思うのである。なぜなら、副葬品を見た場合、他にこれはと思う物が見当たらないのである。銅鏡でもない、埴輪でもない。彼らの力の根源を見せるためには刀剣が最もふさわしいのである。「これはりっぱな剣だ。さすが、ヲワケは中央に出仕していただけのことはある」と近隣諸国に評判をとった類である。が、いかんせん、允恭のあと大王を継承した安康は４代孝武帝の大明６年（４６２年）３月、自ら倭王とは名乗らず、倭王世子の肩書きで宋に貢献した。が、宋皇帝は爵号の相続を認め、倭国王の太子「興」を安東将軍・倭国王に授爵したにとどめるのみで、依然昇

叙することはなかった。

　次に、貢献したのが倭王武であり、８代順帝昇明２年（４７８年）への有名な上表文を上奏した。その成果であろうか、安東将軍から安東大将軍に１ランク昇格するも、その他の肩書きは以前のままであり百済を含むことはなかった。倭国はこうした外交努力に傾注するも、この昇明は宋王朝最後の年号となるのである。翌３年（４７９年）３月、順帝は蕭道成を相国に任じて斉公に封じる。同年４月、蕭道成は順帝から帝位の禅譲を受け、南朝斉初代皇帝となるのである。ここに、宋王朝、８代８０年の幕が静かに降りるのである。

　大陸覇権国である南朝宋の皇帝・王朝交替の脈動に倭国も翻弄されたであろう。

　にもかかわらず、倭国宮廷に仕えた官吏それぞれの奉事を銘刻したほぼ同時期の刀剣が大和から遠く離れた東と西の辺境の地でも出土しているのである。とりもなおさず、安康・雄略の治世に王権が宋への朝貢事跡を通じて、関東から九州までの列島各地に伸張し、さらに、足場を堅固なものとしたことの証である。

　思うに、稲荷山鉄剣と江田船山鉄刀の２鉄刀は、４７０年代、文字を持たなかった倭人の話し言葉を外国語ともいうべき漢字・漢文で書き記したのである。刻んだのは一部に決まり文句の吉祥句を含むとはいえ、他人のしゃべった言葉ではない。ヲワケなりムリテ自身のめでたき事、嬉しきことを発した言葉である。後世、記紀、『風土記』など、話し言葉や書き言葉を文字にする時代を経て、『万葉集』が世にでる。

　大伴家持（生７１８年頃－没７８５年）は中央名門貴族の出自ではあるが国司としても地方を歴任している。赴任途中や任国地での話し言葉に興味をもったのであろう。同じものを指す言葉とはいえ、土地土地で、その音が微妙な差異を持つことに気づいたのである。そして、万葉仮名を使って明確な形で防人歌などに書き残したのである。

　全２０巻。歌の数、４５００余首。家持自身の長歌・短歌は４７３首。７８３年頃には一応の完成を見たといわれる。最後の歌は７５９年正月、

新年を迎えるにあたって因幡守として国府で詠んだものである。時に４２
歳。

　奇しくも、その巻頭の第一首は大王雄略の歌である。大和地方で謡われ
語り継がれてきた言葉や音を、漢字で書きとめたものであろうか。なぜ、
雄略の謡なのか知る由もないが、ここにも３００年の静かな時が流れてい
る。

補論－6 丹後の巨大古墳

　本補論は丹波氏の系譜と丹後地域の主要古墳の知見・属性から古墳被葬者を比定試論するものである。具体的には丹後（京都府）に所在する「日本海３大古墳」などを含む巨大古墳の被葬者比定について述べる。

　手法は史料(ソフト)として崇神紀１０年９月条に記される丹波道主命(四道将軍の一人)の系譜上の人物群と考古(ハード)として丹後の古墳を合理的に１：１に対応させることに依る。この比定の特徴は丹波道主命の娘である日葉酢媛を筆頭とする５人が垂仁に入内し外戚という立場にあったことと丹後の主要古墳の編年、立地環境、石室構成などの考古知見との対応を取ったことである。

1．丹波道主命を取り巻く系譜（図1）

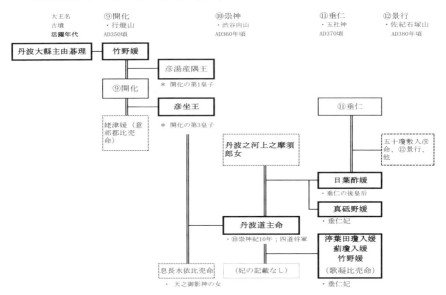

注記-1：本系図は主に「紀」などに記す主要人物を中心に作成した。

注記-2：丹波氏の系図は『丹後建国1300年事業　シンポジウム　丹後 二大古墳と古代タニワ』京丹後市教育委員会、2011年などを参考にした。

注記-3：「紀」垂仁紀15年春2月条の序列に依れば、第1を日葉酢媛、第2を渟葉田瓊入媛、第3を真砥野媛、第4を薊瓊入媛、第5を竹野媛とする。

注記-4：年代（時間軸）は拙案「倭の七王」に依る。参考資料：住谷善愼　2017『倭の七王からみた大王墓比定試論』第４刷 私家版

注記-5：彦坐王には他にも山代之苅名津比売（苅幡戸辨）、沙本之大闇見戸売がいたとされる。

注記-6：⑨開化の第1皇子は彦湯産隅命（比古由牟須美命）。母は丹波竹野媛（竹野比売）－丹波大県主由碁理の娘

注記-7：⑨開化の第2皇子は御間城入彦五十瓊殖尊（御真木入日子印恵命）＝⑩崇神。母は皇后・伊香色謎命－元は⑧孝元の妃

注記-8：垂仁が娶した丹波道主命の五人の娘の内の第五を竹野媛（たかのひめ）といい、竹野は丹後国の郡名にあるとする。[『日本書紀』（二）、岩波文庫、p.35、注記八]。また、竹野媛のみは「形姿醜きによりて本土に返しつかわす」とされ、葛野にて死ぬ、と「紀」に記される。因みに、⑨開化の妃で丹波大県主由碁理の娘も竹野媛と記すが、ルビは「たかの」で同じである。[『日本書紀』（一）、岩波文庫、p.272、開化天皇記本文]

2．候補とする古墳の年代観と属性（表1）

番号	古墳名	古墳時代の年代観 (通説、Cは世紀)	墳形	墳丘長 [m]	概要（立地環境、出土遺物、他拙案を[ ]に一部反映）
1	湧田山1号	前期初頭から前葉 (3C) or 前期中葉から後葉(4C)	方方	100	竹野川中流域西岸に立地。湧田山1号墳は42基の古墳群中で最大。2段築成の構造だが、形状は丹後地方の他と大きく異なる。弥生時代前期から中期後葉の弥生土器が出土。
2	大谷	前期末葉～中期初頭	帆	32	竹野川上流右岸の丘陵に立地。組合式箱型石棺から副葬品とともに熟年女性の人骨が出土。
3	白米山（しらげやま）	前期中葉頃	方円	90	与謝郡与謝野町後野に立地。墳丘長は90mを測り、加悦谷では北約1.5kmに所在する蛭子山1号墳(145m)に次ぐ規模になる。墳形は前方後円形で、前方部を北方に向ける。墳丘は2段築成。墳丘表面では斜面に葺石、テラス部で円礫敷きが認められるが、埴輪は認められていない。主体部の埋葬施設は後円部中央における竪穴式石室1基・土壙墓2基・木棺直葬1基などであるが、未調査のため詳細は明らかでない。この白米山古墳は、出土土器等より古墳時代前期中葉頃の築造と推定される。周辺の4基は白米山西古墳群。その他に、白米山北古墳、白米山東古墳が所在。[拙案では土壙墓2基・木棺直葬1基の被葬者は殉葬者（大加耶王墓の葬制か）に比定する]。日本海側では最古級の前方後円墳ともされる。
4	蛭子山1号	4C中頃	方円	145	与謝郡与謝野町字加悦・明石に立地。全長約145mの前方後円墳。後円部径約100m・高さ約16m、前方部幅約62m・高さ約11m、3段築成で葺石・埴輪を備える。後円部で5基の埋葬施設と2つの埴輪列を検出、埋葬施設のうち中央の1基は巨大な墓壙に花崗岩製の舟形石棺を納めたもので、棺内外から内行花文鏡（中国鏡）のほか多数の鉄製武器が出土。4世紀中頃の築造。[拙案では第2主体、第3主体の被葬者は第1主体に身近な係累に比定する]。
5	網野銚子山	4C末～5C初頭	方円	198	丹後半島、福田川河口付近の丘陵上に築成された、全長198m、後円部径115m、同高16m、前方部幅80m、同高10mを測る日本海側では最大級の大型前方後円墳。4世紀末～5世紀初頭。墳丘は3段築成で、各段テラス上には丹後型円筒埴輪列がめぐっていたらしい。前方部側及び後円部側には、それぞれ寛平法皇陵古墳、小銚子古墳の2基の陪塚を従える。神明山古墳（京丹後市丹後町宮）・蛭子山1号墳（与謝郡与謝野町加悦・明石）と合わせて「日本海三大古墳」と総称。
6	神明山（しんめいやま）	4C末～5C初頭	方円	190	竹野川東岸、丘陵先端部に築造された全長約190mの前方後円墳。後円部径約125m・高さ約27m、前方部幅約78m・高さ約15m、3段築成で葺石を備え、くびれ部に方形の墳丘張出し付く。未発掘のため、後円部中央に竪穴式石室が存在すると思われる。出土遺物は石製模造品や土師器、円筒埴輪、形象埴輪など。なお、円筒埴輪の表面に舟を漕ぐ人物が線刻されたものがある。4世紀末～5世紀初頭の築造。
7	黒部銚子山	5C前半頃	方円	105	竹野川東岸の丘陵端部に立地。2段築成で葺石・埴輪を備える。[丹後半島では、この古墳の築造を以て、規模100mクラス以上の前方後円墳は築造されない]。
8	作山1号	前期後葉	円（※4）	28	与謝郡与謝野町加悦に立地する作山古墳群中の1基。2段築成。組合式石棺（花崗岩製）の直葬。石室内主室から人骨（成人男性1人）・変形四獣鏡1点・石釧2点など、副葬から鉄剣12点などの鉄製品が検出。墳丘裾には従属埋葬15基。
9	作山4号	中期前葉頃	方円	29	作山古墳群中の1基。墳丘長29m。墳丘は2段築成で、墳丘表面では葺石・埴輪が認められる。主体部の埋葬施設は不明。築造時期は古墳時代中期前葉頃と推定。他4基は円墳、方墳。
10	産土山（うぶすなやま）	5C前半～中頃	円	55	京丹後市丹後宮竹野宮の腰の丘陵に立地。長持形石棺（石棺直葬）。3段築成。町報12（5世紀前半～中頃-古墳+葺石）歴博報56、古墳-古墳（円墳、長持形石棺（石棺直葬）、墳径56.0m。府Map2001、古墳（円墳）。古墳時代中期-葺石+長持形石棺。三段築成、径54m、高9m。〈立地>丘陵稜
11	離湖	中期	方	34X43	京丹後市網野町小浜に立地。組合式木棺（木棺直葬）。倭製重圏文鏡、銅釧、堅櫛など出土。

※1：本表は主に『丹後建国1300年事業シンポジウム「丹後二大古墳と古代タニワ　～網野銚子山古墳・神明山古墳の謎に迫る～』京丹後市教育委員会　2011年、ブログ「遺跡ウォーカーβ」、Wikipediaなどを参考にした。

※2：情報ソースにより、年代観、墳丘長などのデータに若干の差異がある。

※3：立地環境とはある古墳（A）とそれが立地する近傍城周辺での複数の古墳（B,C,D,・・・・）との関係をいう。

※4：現地説明版では造出付円墳（全長36m）とされる。筆者は、作山古墳群（1号墳～5号墳）の谷を挟んで北東側に隣接して同時期に築造されたとされる蛭子山古墳群（1号墳～8号墳）との立地環境から、この作山1号墳の本来の墳形は前方後円墳ではなかったかと想定している。

３．比定の考え

（１）比定の基本フローと要点

　文献から丹波氏の系譜を形成する ⇒ 丹後半島地域の首長墓と思しき大古墳に焦点を当て絞込む ⇒ 系譜上の人物と古墳を構造的な視点から対応させることを基本コンセプトとし、その比定の要点は丹波道主命が垂仁の外祖父（外戚）の地位にあったとする。

（２）主な前提

　文献史料：丹波氏の略系譜は記紀を元に図１にまとめる。年代の上限は丹波大縣主由碁理をＡＤ３５０年頃、下限は竹野媛をＡＤ４００年頃とし、その幅は５０年前後である。比定対象人物は１０人である。

　古墳の属性と編年（一部に拙案を反映）を表１に概略的に示す。比定対象古墳は１１基である。

　在地首長の娘が入内して妃になり、没後は父の故地で前方後円墳（もしくは帆立貝式前方後円墳）に埋葬されたとする。

　系譜と古墳の相関から構造を読み取り、築造年代、規模、立地環境、埋葬施設などからＢＭ（指標）古墳を蛭子山１号墳に設定する。

（３）比定に際しての特徴的な考え

　私は大和王権の地方展開の主軸は２つあると考えている。１つは大王に入内した娘と外戚となった事跡。２つ目は王族、特に、皇子の地方派遣事跡である。

　従って、人物は丹波道主命と垂仁に入内した４人の娘に焦点を当てる。具体的な個々の比定については人物の属性や古墳の年代観、規模、立地環境などを勘案して進めた。

　まず、丹波大縣主由碁理は１０人の中では最年長と目されるので、湧田山古墳群中４２基の中で最大規模である湧田山１号墳に比定する。

　さらにその娘の竹野媛を熟年女性の人骨が出土した大谷古墳に比定する。その後、彦坐王（開化第３皇子、丹波道主命の父）は加悦谷の白米山古墳群中の最大規模の首長墓である白米山古墳、続いて、嫡子の丹波道主命は近接する蛭子山１号墳（第１主体、花崗岩 [加悦谷産] 製の刳抜式舟形石棺）に

比定する。また、第2主体、第3主体の被葬者は丹波道主命に身近な係累に比定する。

　この蛭子山1号墳からは大加耶由来の殉葬の葬礼が読み取れる。この時期に丹後に突如として出現する墳丘長145mの大規模前方後円墳で、白米山古墳の約1.6倍である。なお、開化の第1皇子で系譜上、実在性が乏しいとされる彦湯産隅命ではあるが、同じ加悦谷で蛭子山古墳群に隣接する作山古墳群中の造出付円墳とされる作山1号墳に比定する。成人（熟年）男性の人骨、変形四獣鏡1点などが出土している。また墳丘裾には従属埋葬15基が認められるとされるので、蛭子山1号墳同様に、王族が在地化した首長墓であろうと考えられる。

　さらに、4世紀後半から5世紀前半にかけて日本海側に網野銚子山古墳、神明山古墳、黒部銚子山古墳という突出した200m前後クラスの巨大前方後円墳が築造される。これらは日葉酢媛の妹たち3人に、「紀」に記す順番が王権内での序列順を示し、それに従う規模規定を適用したとすれば、2位渟葉田瓊入媛を網野銚子山古墳、3位真砥野媛を神明山古墳、4位薊瓊入媛を黒部銚子山古墳に比定できる。最後の5位竹野媛は係累の人物たちの中では最も若いと目されるので産土山古墳に比定する。

　立地場所についてはいずれも丹波氏の朝鮮半島諸国（新羅や加耶等）との日本海通交ルートの上陸地点（港）や丹波氏拠点などへの陸行ランドマークと考えられる。因みに、日葉酢媛は佐紀古墳群東群中央小支群のウワナベ古墳（255m）に比定している。また、この古墳のすぐ東側には丹後から大和入りする街道の「ウワナベ越え」がある。蛭子山1号墳 ⇔ ウワナベ古墳間は徒歩でザックリ150kmほどである。

4．結果

　丹波大縣主由碁理を湧田山1号墳、その娘竹野媛を大谷古墳、彦坐王を白米山古墳、丹波道主命を蛭子山1号墳、渟葉田瓊入媛を網野銚子山古墳、真砥野媛を神明山古墳、薊瓊入媛を黒部銚子山古墳、竹野媛を産土山古墳、さらに、彦湯産隅命を作山1号墳とする比定を得た。

　本補論は丹波氏の在地での勢力基盤として、日本海ルート掌握に依る主

に新羅との交易権の掌握（倭国からの交易品は主にヒスイと塩であろう）と日葉
酢媛達４人を垂仁后妃とした外戚丹波道主命の権勢をベースにしている。

　結果、中央から派遣されて在地化した王族、その在地の豪族出自の妃た
ちの古墳をその地に築造したとすれば周辺域の首長系列の古墳よりは隔絶
した規模を有する古墳を築造したことがわかる。私はこの崇神紀（崇神紀
１０年条）大和政権が丹波道主命を丹波へ派遣した事跡を王族派遣による
地方展開として、重要な橋頭堡に位置付ける。

補論－7　奈良盆地東南部の古墳群

　日本古代史の起点である奈良盆地東南部古墳群の話にもどろう。
本補論での目的は墳丘長２００ｍを越える６基の巨大前方後円墳の被葬者
と築造順を比定することである。通説で邪馬台国女王卑弥呼の墓とされる
箸墓が所在する。
（この古墳群の古墳分布図や築造年代を知るのに欠かせない編年図は、例えば、「奈良
盆地の前期のおもな古墳の変遷」　日本の歴史０２　『王権誕生』　寺沢薫　講談社
p.331 などを参照願う）。

　これらの古墳の比定については、私自身、素朴な疑問がいくつか残って
いた。邪馬台国所在を立論した後、「魏志倭人伝」には、なぜ卑弥呼の没
年を記さないのか？　なぜ正始８年（西暦２４７年）までの事跡しかないの
か？といったことである。倭と魏の外交は、何も正始８年に突然終わった
わけではなく、魏が滅亡する２６５年までも、約２０年間、折々に外交交
渉があっただろう。ここから何か掴むことがないのだろうか？　と自問し
たのが比定を進捗させるきっかけであった。確か２００９年の１月頃であ
る。

　それからというもの、卑弥呼の墓はどこかという謎を解く道筋をイメー
ジすることに注力した。手がかりとする史料を確認し、そこから最大限何
が掴めるのか？　何をどう進展させ、判断すれば、ゴールに迫ることがで
きるのか？　頭を絞った。

　そうこうするうちに、何とか手順を見出し、次のようにフローにまとめ
ることができた。

　基本史料とする「魏志倭人伝」から候補者を推察する　⇒　実在する６
基の巨大古墳の特徴を調べる　⇒　「魏志倭人伝」からの候補者と実在す
る古墳を築墓者は誰かという独自の視点から対応を組合せて検討する　⇒
　ベスト チョイス（合理的）を選定する
以下に各手順を概説する。

　①幸か不幸か、「魏志倭人伝」のみである。私には他に選択の余地はな

かった。しかも、候補者といっても、何十人もいるわけではない。ありがたいことに「魏志倭人伝」に登場する倭人は卑弥呼を含み最大10人である。しかも、大王級の人物に絞れば有効な人物は卑弥呼、男弟、男王、壱与の4人である。

②次に、現在、所在する6基の巨大前方後円墳に着目した。大王級の王墓であれば、墳丘長も長く巨大であろう、という単純な発想である。幸い、先学諸氏が苦労して築き上げたありがたい考古学的成果がふんだんに市販の書物などの形になっている。解く鍵として巨大前方後円墳6基の特徴を表にまとめたりして検討した。残念だが、こうした先学の個々の考古学成果に付加するものは私には何もない。

表1　巨大前方後円墳6基の特徴

	規　模・築　造	副葬品(出土品) 他	備　　考
メスリ山	墳丘長224m。後円部径128m。標高110m。柄鏡形墳丘。竪穴式石室（左右側壁が垂直）。木棺。粘土棺床。副室（副葬品収納用、合掌式）葺石。	盗掘により破壊。玉杖（4種類）、石釧・車輪石、鉄製弓矢・剣・銅鏃・槍先・石製鏃、農耕具。	独立丘陵の尾根筋端部で尾根を利用して築く。現幣余。円筒埴輪列（2重方格）が際立つ。2重方格特殊円筒埴輪と円筒埴輪でヒモロギを形成。大型特殊円筒埴輪では口径1.31m、直径0.9m、高さ2.42mもある。桜井茶臼山古墳から南西約1.6kmに位置する。葺石石材は花崗岩、安山岩、片磨岩など。
桜井茶臼山	墳丘長200m。後円部径110m。標高110m。柄鏡式。竪穴式石室（左右側壁が垂直、石材全面に朱を塗る）。木棺（コウヤマキ）。板石棺床。葺石。	玉杖（4種類）、玉葉、鉄刀剣、鉄鏃（柳葉式に限る）、銅鏃、銅鏡。二重口縁壺形土器の方形列が方形壇を囲む。丸太垣跡。	丘陵端部を切断して墳丘を築く（丘尾切断）。現幣余。110614付けに副室らしき空間を2か所発見。側壁の積石はかなり精緻。国内最多となる銅鏡81面以上が出土。丸太の垣根でヒモロギを形成。純度の高い水銀朱200kgを石材全面に塗布。天井石12枚、内2枚は沼島の片岩、側壁の積石は安山岩（二上山付近）と花崗岩。墳丘に埴輪を使用した痕跡なし。
箸墓	墳丘長276m。後円部径157m。標高79m。箸墓のみ5段築成。葺石。前方部が撥形に開く。周濠。	特殊大型壺（破片少し）、特殊器台（円筒）、壺形土器。なお墳丘内での発掘調査があったかどうかは不明。	纏向川の氾濫原状の砂礫堆積層上に築造される。濠は空濠である。石材は地元の河原石（花崗岩）や芝山産（玄武岩）。二上山西側）。玄武岩を使っているので古期の古墳。特殊器台のルーツは吉備地方である。濠を階段状に配置して各段に土橋を築いた。箸墓古墳の段階ではまだ方形壇はつくられておらず。陵墓。
西殿塚	全長220m。後円部径135m。標高120m。前方部が撥形に開く。後円部を北に向け、ほぼ南北方向に主軸。葺石。	特殊器台、特殊壺。	後円部と前方部に方形壇がある。箸墓と同様の吉備様式の特殊器台が後円部に並ぶ。円筒埴輪を確認。石材は芝山産の玄武岩と安山岩の両方を使用する中期古墳。最古の都月型円筒埴輪が大量に出土した。陵墓。
行燈山	墳丘長242m。標高108m。階段状周濠。	埴輪。	陵墓。
渋谷向山	墳丘長300m。標高106m。階段状周濠。	埴輪。	陵墓。

※1 桜井茶臼山古墳は土地では饒速日の命、あるいは長髄彦の墓と伝えられている。

98

③問題は、この③以降である。卑弥呼の死については、「魏志倭人伝」中に「卑弥呼以て死す」という語句がすべてである。この「以死」を突然の死、不慮の死とする見解もあるが、正直、私には古典漢文を解釈する力を持たない。そこで、前提のいくつかを設けた。言い方が変ではあるが、その死因が老衰のような自然死であろうが、暗殺のような異常死であろうが、魏皇帝が「親魏倭王」の称号を与えた程の人物である。しかも、当時の倭には魏から皇帝任務を帯びた塞曹掾史張政（文官）が派遣され、倭に滞在していたはずだ。即ち、卑弥呼の死を知っていたはずだ。なのになぜ、それほど重要な出来事の死因はともかく、没年の記述が「魏志倭人伝」にはないのだろうか？

そして思考を進捗させるために、卑弥呼没年を検討するに際して下記の具体的な前提を設けた。

前提１：歴史書としての魏志であれば、魏が存続している間の事跡は記載する。逆にいえば、魏王朝ではない前後の年次の事跡は記載しない。

前提２：２６６年、新しい王朝、即ち、西晋に倭王が朝貢したとするのは宗女壱与とする。つまり邪馬台国は女王卑弥呼の統治から宗女壱与への政権交代と、たまたま時を同じくして曹氏の魏から司馬氏の西晋へと政権（王朝）交代があったとする。

前提３：「卑弥呼死す」の情報は、魏使　張政が倭に滞在していれば、魏本国に直ちに伝達されるべき情報である。そして、即、朝貢使を派遣したであろう。即ち、２６６年の壱与の遣使とする。

そうしたうえで、卑弥呼をとりまく倭人の年表を２ケース作成した。頭の中でアレコレいくら思い悩んでも埒が明かないので、卑弥呼の没年を下記の２つの Case（ケース）で検討した。実存する巨大前方後円墳とのマッチングを探るためである。

私は卑弥呼の没年が通説では２４７、８年といわれていることは知っているが、その積極的に確実な根拠とする説は目にしない。そこで、思い切って、前述の前提１、２、３に立って、没年を記述できなかったのは魏王朝

末期混乱期の情報攪乱喪失である、と前提した。卑弥呼没年を西暦２６４年頃から２６６年の壱与の朝貢までの間、つまり２６５年としたのである。

図1　Case-1：従来説 と Case-2：拙案

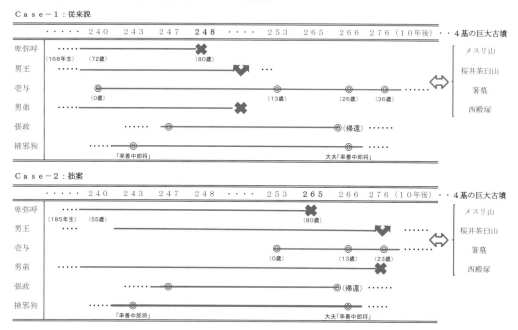

いよいよ、ここから Case- 2をベースに築造順と被葬者を検討する。その判断とするよりどころは、築墓者は誰か、という観点である。つまり、平たく言えば、誰が箸墓を取り仕切って築墓したのだろうか？　メスリ山は誰が取り仕切って築墓したのだろうか？　といったことである。そのために、次に示す年表を作図して人物相互の関係について事跡を中心に把握した。

表2　魏志倭人伝から読み取る年表

人名 ＼ 年月・事跡	景初2年 238年 6月	景初2年 238年 12月	景初元年 240年 正始元年	正始4年 243年	正始6年 245年	正始8年 247年	248年以降	… 264年 265年 266年
事跡	卑弥呼遣使	親魏倭王 仮綬	梯儁来倭 倭王に答謝	再遣使 答謝	難升米に 黄幢を賜う	載斯烏越 対応 卑弥呼以て死す	男王を立てるも国中服せず 宗女壱与を立てて国遂に定まる	魏 滅ぶ 西晋 壱与 政府の 明之の記事 興 滅ぶ 西晋 與 政府の遣魏に朝貢
倭の女王 卑弥呼	◎（53歳）「親魏倭王」					（62歳）		（80歳と十すれば…⇒西暦185年生まれ）
男弟	◎（40歳）					（49歳）	（67歳）	
大夫 難升米	◎（45歳）「率善中郎将」					（54歳）		
次使 都市牛利	◎（40歳）「率善校尉」					（49歳）		
帯方太守 劉夏		◎						
帯方太守 弓遵			◎（35歳）	✕（韓との戦いで戦死）				
建中校尉 梯儁（武官）			（35歳）◎					
倭王⇒卑弥呼			◎					
倭王⇒卑弥呼				◎（45歳）				
大夫 伊声耆				（30歳）◎「率善中郎将」				
掖邪狗				◎		「率善中郎将」		（53歳）
帯方太守 王頎						◎		
狗奴国男王 卑弥弓呼						◎		
載斯烏越（外交・通訳担当?）						◎		
塞曹掾史張政（文官）						◎（35歳）		（49歳）
男王								◎（54歳）
宗女壱与								◎（13歳）

高平均寿命の政女：魏の滅亡は和265年とされる。「魏志倭人伝」には、正始8年（＝247年）までの事跡しか記されていない。その理由は、正始10年（＝249年）に、司馬懿がクーデターを起こし曹爽一派を誅殺し、司馬一族が魏の正朝の権力を奪取した。この政変で実質的に魏正朝は滅んだと思われるので、魏志としては、正始8年公式には撤退している。しかし、実際にはこの正朝が西晋に朝貢したと考えられる事跡も混在しているものと考えられる。

前提1：歴史書上の魏志存続している間の事跡は記載する。魏が存続していたものであり、

前提2：266年、新しい王朝、即ち、西晋に倭王が朝貢したとするのは宗女壱与とする。

前提3：「卑弥呼死す」の情報は、魏使 張政らが西晋政府の役に潜在していていれば、魏本国に直ちに伝達されるべき情報であろう。そして、即、朝貢使を派遣したであろう。

さて、6基の特性から、2基1組がそれぞれ同じような特徴を持つと考えられる。即ち、メスリ山と桜井茶臼山、箸墓と西殿塚、行燈山と渋谷向山の2基1組である。6基の内、周濠を持つ行燈山と渋谷向山の2基は、他4基よりは年代的に新しいので、とりいそぎここでは脇に置いておこう。

となると、メスリ山と桜井茶臼山、箸墓と西殿塚の4基・2グループである。そして、組合せの数は2系統×2通り＝4通りである。一方、該当する人物は卑弥呼、壱与、男王、男弟の4人である。4基に対し4人である。あまりにうまくできすぎる話だろうか？

○第一の課題： どちらのグループがシャーマン系か？ について検討する。

「魏志倭人伝」に登場する邪馬台国女王卑弥呼、および、その宗女壱与はシャーマン系とみて良い。

その理由は下記である。後円部に大型円筒埴輪列や丸太垣・壺形土器列で方形壇を方格に取り囲む。出土遺物に玉杖がある。従来、古代の古墳に副葬される銅鏡、刀、玉杖、さらには大形円筒埴輪列など「辟邪」として副葬したとする考えがあるが、私は王権の象徴ではなくシャーマンが使う呪具と見て、神籬に使ったものとしたい。神を迎えるための依り代である。

墳形の前方部が鏡柄形。立地が集落から離れた山裾の辺鄙な場所（磐余）。主軸が東西、あるいは、南北。

結果、メスリ山と桜井茶臼山の2基をシャーマン系とする。 従って、残る箸墓と西殿塚は大王系と仮置きできる。

○第二の課題： どちらの築造年代が古いのか、ということである。

シャーマン系： メスリ山 ⇒ 桜井茶臼山 か 桜井茶臼山 ⇒ メスリ山か？ 石室の積石の精緻さ、銅鏡の枚数、特殊円筒から メスリ山 ⇒ 桜井茶臼山とみる。

大王系： 西殿塚 ⇒ 箸墓 か 箸墓 ⇒ 西殿塚か？ 箸墓の立地環境（標高＝79ｍ）、使用石材年代とその産地、主軸の方向、新都市計画（拙案で三輪とする） から 箸墓 ⇒ 西殿塚 とみる。

　次に、これら４基は、表２.「魏志倭人伝から読み取る年表」に登場する４人の倭人に対応することになる。いずれも当時の政権トップの人物たちである。そして、この４人はシャーマン系（宗教・呪術）２人と大王系（政治・軍事）２人に分かれる。

　シャーマン系が　卑弥呼⇒壱与　であり、　大王系が　男弟⇒男王　である。（ただし、ご留意いただきたいのは、男弟は卑弥呼の政務を佐治したとはいえ、大王ではない可能性が強い。つまり、大和由来の大王系ではなく、邪馬台国政権サイドの人物であることである）。

　さらに、喪主（葬儀委員長）、王権の継承、墳墓系の継承等を考慮して、単純に対応させると次の結果を得る。

　　シャーマン系：　メスリ山 ⇒ 桜井茶臼山
　　　　　　　　　　⇕　　　　⇕
　　　　　　　卑弥呼 ⇒ 壱与

従って、メスリ山の被葬者は卑弥呼、桜井茶臼山のそれは壱与となる。

　　大王系：　　　　　箸墓 ⇒ 西殿塚
　　　　　　　　　　　⇕　　　⇕
　　　　　　　　男弟 ⇒ 男王

従って、箸墓の被葬者は男弟、西殿塚のそれは男王となる。

　考古学的にはメスリ山は円筒埴輪列（２重方格）が際立ち、２重方格特殊円筒埴輪と円筒埴輪でヒモロギを形成するという特徴を有するので卑弥呼の墓である。一方、桜井茶臼山は丸太の垣根かつ墳丘に埴輪を使用した痕跡なし故、壱与が被葬者である。

　「魏志倭人伝」にいう卑弥呼没後を反映してまとめると、以下のようになる。

　２６５年に老齢であった卑弥呼が没した。邪馬台国政権の政治を補佐した男弟がその政権の代表者となり葬儀を取り仕切り築墓者となって、メスリ山古墳を築造した。その立地は前方部を西に向けた東西に中軸線をとり、標高も比較的高い位置に築造された。尾根の特徴を生かして土木工事量を

少なくした工法を採っている。その塚の円部の直径は百余歩（約１５０ｍ）であり、殉葬するもの奴婢１００余人であった。私は高さ約２ｍほどの円筒埴輪を殉葬と見誤ったことが伝わって魏志倭人伝には記載されたものと思っている。

　その後、男王を立てるも国中が合意せず、男弟側と男王側とがお互いに殺しあう内乱状態となり千人程が犠牲になった。邪馬台国が所在した現在の唐古・鍵遺跡を中心とする奈良盆地内での騒乱である。
数か月程度の短期間で決着が付き、結果、卑弥呼の宗女壱与を１３歳で女王に立て、やっと国中が治まった。魏から派遣されていた塞曹掾史張政（文官）が檄をもって壱与を告諭した。２６６年、壱与は倭の大夫率善中郎将掖邪狗等２０人を遣わし、張政等の帰還に同行させた。彼らは西晋の都洛陽の中央官庁に出向き男女生口３０人を献上し、白珠５，０００孔、青大勾珠２枚、異文雑錦２０匹を朝貢した。

　「魏志倭人伝」はここで筆を止めている。

　我々は、さらに追ってみよう。その後、張政が帰国したとはいえ卑弥呼の後継者となった壱与の政権も、男弟の強力な政権維持により安定した期間が１０年ほど続いただろう。やがて、男弟が没し、今度は壱与が築墓者となって箸墓を築造した。男弟は政治を補佐したものの大王・功臣ではなく、有力氏族の首長だったのであろう。その墳墓の立地は標高の低い微高地状平地が選ばれた。

　やがて、卑弥呼と後継の政権を争った男王も没した。その大王墓は西殿塚である。築墓者は大王家を代表する後継者であっただろう。メスリ山、箸墓と墳丘長２００ｍを超える巨大前方後円墳２基の築造が続いたが、さすがに大王墓である。３基目は龍王山西麓の眺望・標高（約１４０ｍ）とも恵まれた場所に立地した。

　史料上、最後に登場するのは壱与とされている。２６６年、女王に立った時、１３歳であった。仮に、３１０年頃の没年とすれば、享年６０歳前後である。磐余に立地し、墳丘長２０８ｍであり中軸線を南北に取ってい

る。４基の中では一廻り小ぶりである。ただ、石室の壁面はメスリ山石室とは大いに異なり板状安山岩を小口積みできわめて精緻に積み上げている。築墓者はおそらくは、壱与と同じ職掌のシャーマン系の一族の長であろう。壱与の時代は政権運営を担っており、大王家は弱体化していたのだろう。西殿塚に続く巨大前方後円墳が見当たらないことから推測できる。つまり、次の巨大前方後円墳である行燈山の出現までは雌伏の時代だったのであろう。

　ここに、卑弥呼の没年を２６５年に設定し、築墓者は誰かという観点から、少なくとも巨大前方後円墳４基の被葬者および築造順を比定した。結論として下の図２に示す対応および年表を得る。

図２　４基の被葬者と築造順

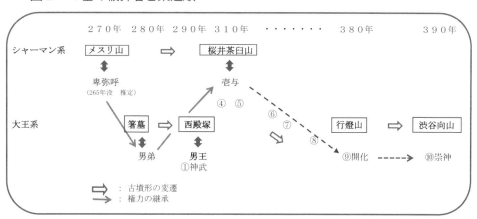

　総括すると、卑弥呼の墓はメスリ山、男弟の墓は箸墓、男王の墓は西殿塚、壱与の墓は桜井茶臼山となり、この順に築造された、といえる。考古学的な直接証拠でなく、文献史料と実在する古墳との照合結果だが、得た事項は無理筋でなく合理的な推論によるものである。その限界は十分承知の上である。

　こうして第一歩としてこれら４基の謎の答えを形に成した。手堅い収穫

であった。足掛け３年である。これで物事の始点（橋頭堡）が固定できたのである。次の対象は本来であれば年代的には佐紀古墳群に着手するのが常道であるが、私の場合は違った。間違ったのではなく、プロジェクト遂行の実務経験からの判断である。終点（ゴール）である古市・百舌鳥古墳群に狙いを定めたのである。一種の逆想であり、要は頭の次は尻尾という両端を固めれば、自ずと中身は納まってくるだろう、という "ブックエンド" 思考である。

　さらに、奈良盆地東南部古墳群の墳形、規模、立地環境などに注目し、特に墳形については、メスリ山古墳と桜井茶臼山古墳の２基は柄鏡型前方後円墳、箸墓古墳、黒塚古墳、椿井大塚山古墳などは撥型前方後円墳、一方、纏向勝山古墳、纏向石塚古墳、纏向矢塚古墳などは纏向型前方後円墳、さらに、西殿塚古墳、行燈山古墳、渋谷向山古墳などは定型前方後円墳とされる。

　ここで、上述の邪馬台国政権をシャーマン系（祭祀）と政治軍事の２つの機能とし、一方の西殿塚をとりまく前後の大王系の流れは、大和由来の大王王権の纏向型前方後円墳、次に、西殿塚に始まる定型化（円と台形）前方後円（方）墳と変化し、さらに、大和政権の行燈山古墳、渋谷向山古墳という変遷が読み取れる。つまり、「邪馬台国政権」と「大和由来の大王王権・大和政権」という２つの大きく異なる政体が浮かび上がってくる。

　因みに、大和由来の大王王権と大和政権との境は画期とする行燈山古墳という巨大古墳が奈良盆地東南部に突如出現し、かつ、その被葬者を⑨開化に比定していることによる。結果、これらのことから、邪馬台国政権と大和由来の大王王権の二重構造であることが読み取れる。つまり、邪馬台国政権が存続したと思しき約１１０年間は大和由来の大王王権と政体の異なる二重構造として、併存（並立）していたということである。その概念図を図３に示す。

図3　邪馬台国政権と大和由来大王権の二重構造概念図

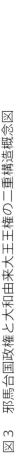

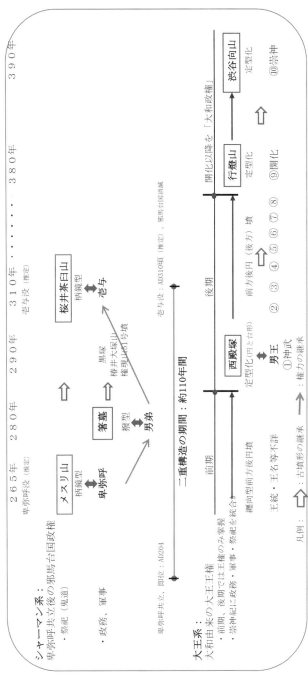

あとがき

　本書において、５世紀の「倭の七王」が１５代応神から２５代武烈に至る大王の根幹であること、及び、その古墳の比定を古市・百舌鳥古墳群に具体的に示すことができた。このことはとりもなおさず、基本史料とした「紀」に記す王統譜の代数については奈良盆地東南部、佐紀、古市・百舌鳥に所在する代表的な巨大前方後円墳に対応がついたと言える。

　つまり、２５人の大王は邪馬台国の３世紀、空白の４世紀、謎の５世紀の３００年にわたって実在したのである。そして、『宋書』に記す「倭の七王」の内、讃（応神）から倭国王（仁徳）への王権継承（ＡＤ４３０年）は応神ファミリーともいえる父から長子への継承であった。「倭の七王」の王統譜上、直系大王が古市古墳群、傍系大王が百舌鳥古墳群に厳格に区分されて埋葬されていたのである。

　改めて、「倭の七王」の大王墓比定を再掲する。

古墳名	古墳群	墳丘長（ｍ）	大王	代数
津堂城山	古市	２０８	応神（讃）	１５
仲ツ山	古市	２８６	仁徳（倭国王）	１６
上石津ミサンザイ	百舌鳥	３６５	履中（珍）	１７
誉田御廟山	古市	４２５	反正（済）	１８
大山	百舌鳥	４８６	允恭（倭国）	１９
岡ミサンザイ	古市	２４２	安康（興）	２０
土師ニサンザイ	百舌鳥	２９０	雄略（武）	２１

さらに、後継する４人の大王については、以下である。

市の山	古市	２２７	清寧	２２
百舌鳥御廟山	百舌鳥	１８６	顕宗	２３
前の山	古市	１９０	仁賢	２４
墓山	古市	２２４	武烈	２５

　一方、5世紀に大和政権を主導した「倭の七王」を中心とする１１人（古市古墳群：7基、百舌鳥古墳群：4基）の大王達の后妃墓（古市古墳群：9基、百舌鳥古墳群：6基）も併せて比定し終えることができた。

　作稿のきっかけは２０１３年８月、学士会館にてフォーラムＴＷＯの皆さんに『倭の七王からみた大王墓比定試論』をテキストにしてお話をさせていただいた時のことである。Ｗさんから「テキストのタイトルがどうして試論なの？」と問われた経緯があった。あ！これは大王墓だけで納まることではなく、きっと后妃墓もおもしろいのでは？　と、即座に頭の片隅にしまいこんだ。帰路のフライトがこれほどワクワクしたのは久しぶりであった。どうやって比定するか？　ベースは？　糸口は？　アンカーは？　編年は？…　頭の中で何度も書いたり消したりした。それにしても、何百、何千と所在するわけではない。多くてもその数３０基であろう、と見当した。

　翌日、さっそく地図をひらいてみると成る程、２００ｍ級以上の大王墓の周辺には、１００ｍ級から２００ｍ級の中規模前方後円墳が同数程度所在している。これはやはり何かの謎がかくされている、と直感した瞬間であった。ひょっとして后妃墓では！　さらに、うまくいけば岡ミサンザイ⇒土師ニサンザイとする私の編年課題に形を付けることができるかなというかすかな期待をいだいた。例によって、頭の大王墓については「試論」として見通しはつけていたので、尻尾の『宋書』倭国伝に記す珍の「倭隋等十三人」と済の「軍郡二十三人」の古墳比定も終わり、いよいよ身を残すのみとなった。これはもう后妃しかないだろう、という確信であった。さっそく后妃墓被葬者比定の解明に着手したのである。

　古市・百舌鳥古墳群に所在する大王墓・后妃墓の被葬者比定を通して、世上「謎の５世紀」と呼ばれる古代史の実像を、より鮮明に見たいとの思いから１歩を踏み出した。その１歩が正直これほどの展開力を秘めていたとは全く予想外のことであった。

　結果、実体たる古市・百舌鳥古墳群の大王墓、后妃墓、皇子女墓という全貌を比定することにより、「紀」の記す大王＝后妃＝皇子女という係累

を為す基本構成が代々の王統譜の積層を形成し、確たる国幹であることが、より強く明確に認識できるのである。

　最後に私の思い。歴史とは流れゆく時間に乗る自然や人間の活動であろう。とすれば、途切れるハズもなく滔々と流れる大河の如くであろう。その流れを鮮明な実像として目にしたいものである。第１級といわれる著名な文献史料や遺跡・遺物のなかに全てがあるものでもない。皆さん独自に歩まれた現実の豊かな人生の中にこそあろう。そこから古代史の謎を解く着想やジャスト アイディアが生れるのではないだろうか？

　そのはじまりはささやかで取るに足りない、チョットしたキッカケかもしれない。が、それを絶え間なく鍛え磨けばいつしか古代史の謎を解く自分の鍵となる。「ひょっとして？」がいつしか「ガッツン！」とくるのである。せめてそのアイディアは借り物や受け売りではなく、ぜひ、古代史ファンの皆さん独自の着眼点や視点に立脚した自前の古代史を打ち立て、お愉しみいただければ幸いです。恐れず半歩前に踏み出しさえすれば、その成長した鍵を使うことによって謎を解くことができる。

　末筆ではございますが、フォーラム TWO の高橋さん、渡邉さん、岡崎さん、また、メンバーの皆さんには学士会館（神田）での発表の機会と励ましをいただき、古市・百舌鳥古墳群の后妃墓比定を新たにまとめることができました。おかげさまで大王墓比定論の強力なバットレス（控壁）を構築できました。

　また、奈良の古代文化研究会の鷗井忠義青垣出版社長には邪馬台国の謎解きの発信の場としてご縁をいただきますとともに、本書発刊のご尽力をいただきました。

　皆様には、改めて多大な励ましやお手数をいただきましたこと感謝いたします。

〔参考資料・文献〕（順不同）

石原道博編訳 2005『魏志倭人伝・後漢書倭伝・宋書倭国伝・隋書倭国伝』 中国正史
日本伝 (1)　岩波文庫　青 401-1
武田幸男編 2005『古代を考える日本と朝鮮』吉川弘文館
坂本太郎、家永三郎、井上光貞、大野晋校注 2011『日本書紀（一）』[全五冊]
川西宏幸 1988『古墳時代政治史序説』川西宏幸　塙書房
right島和夫、千賀久 2011『列島の考古学　古墳時代』河出書房新社
高橋照彦、中久保辰夫 2014『野中古墳と「倭の五王」の時代』大阪大学出版会
原島礼二、石部正志、今井堯、川口勝康 1981『巨大古墳と倭の五王』青木書店
森公章 2010『倭の五王』山川出版社
白石太一郎 2013『古墳からみた倭国の形成と展開』敬文社
平林章仁 2013『謎の古代豪族　葛城氏』祥伝社
河上邦彦編 2006『大和の古墳　Ⅱ』
大津透、佐藤宏之、設楽博己、岩永省三、仁藤敦史、福永伸哉、菱田哲郎、田中史生、
田中俊明 2013『日本歴史　第 1 巻　原始・古代 1』岩波書店
平川南、沖森卓也、栄原永遠男、山中章 [編] 2004『文字と古代日本 1　支配と文字』
吉川弘文館
井上光貞 1965『日本国家の起源』岩波書店
小林行雄 1965『古墳の話』岩波書店
宮崎市定 1983『謎の七支刀 五世紀の東アジアと日本』中央公論社
佐伯有清 1983『古代の東アジアと日本』教育社
門脇禎二 2005『葛城と古代国家』講談社
川勝義雄 2004『魏晋南北朝』講談社
井上光貞 2008『日本の歴史 1　－神話から歴史へ』中央公論新社
高田貫太 2017『海の向こうから見た倭国』講談社
森田克行 2006『7　今城塚と三島古墳群』同成社
稲畑耕一郎 [監]、劉煒 [編]、羅宗真 [著]、住谷孝之 [訳] 2005『魏晋南北朝　融合
する文明』
東京国立博物館、九州国立博物館、他 [編] 2019『三国志　特別展図録』美術出版社
一瀬和夫 2009『仁徳陵古墳』新泉社
河上邦彦 2006『馬見古墳群』新泉社
今尾文昭 2014『佐紀古墳群』新泉社
田中晋作 2016『盾塚・鞍塚・珠金塚古墳』新泉社

高橋一夫 2005『埼玉古墳群』新泉社

京丹後市教育委員会 2011『丹後二大古墳と古代タニワ　～網野銚子山古墳・神明山古墳の築造に迫る～』

ｲﾝﾀｰﾈｯﾄ『宋書』倭国伝、『中国史籍訳文』

住谷善愼 2009『邪馬台国へ詣る道』文芸社

住谷善愼 2017 私家版「倭の七王からみた大王墓比定試論」第 4 刷

住谷善愼 2015「倭の七王からみた大王墓 25 基比定試論」日本考古学協会総会 PS 発表

住谷善愼 2016「古市・百舌鳥古墳群の后妃墓比定試論」同上

住谷善愼 2017「大山陵前方部石室の被葬者比定試論」同上

住谷善愼 2018「『宋書』に記す倭隋等十三人・軍郡二十三人の古墳比定試論」同上

住谷善愼 2019「佐紀古墳群の大王墓・后妃墓の被葬者と編年比定試論」同上

住谷善愼 2020「馬見古墳群の被葬者比定試論」同上

装幀／江森　恵子（クリエイティブ・コンセプト）

カバー図版／仁徳天皇陵古墳（大山古墳）墳丘

測量図（堺市文化観光局発行『堺市の

文化財　百舌鳥古墳群より）

【著者】

住谷　善愼（すみたに・よしちか）

　1948年高松市生まれ。香川県立高松高校、慶応義塾大学工学部計測工学科卒業。大成建設でプラントエンジニアリングやベトナム、インドネシア、パキスタン、ポーランド、UAEなどの海外プロジェクトに長年携わる。2007年退社後、日本古代史の謎解きの奥深さにハマる。NHK文化センター、大学公開講座（放送大学、昭和女子大学、高松大学）、自治体生涯学習センター（香川県健康福祉機構・長寿大学、高松市まなびCAN）、香川県技術士会などの公開講座講師（非常勤）を務め、参加者と共に古代史ロマンを思う存分に愉しむ。技術士（経営工学部門）、放送大学講師（非常勤）、日本考古学協会会員。

　著書に『邪馬台国へ詣る道―魏使建中校尉梯儁』（文芸社2009年）論考は、「邪馬台国と工学」、「魏志倭人伝を読み解く」、「短里説は成り立つか」、「邪馬台国　百年目の謎解きに挑む」、「漢字2文字で読み解く魏志倭人伝」、「大和巨大前方後円墳の謎解きに挑む」、「高松塚・キトラ古墳の謎を解く」、「魏志倭人伝の里数を技術する」、（『奈良の古代文化③　論考　邪馬台国＆ヤマト王権』（青垣出版2012年所収）、「馬見古墳群における葛城氏被葬者比定試論」など多数。

　現住所は香川県高松市昭和町2-8-20

倭の七王
－文理融合から解く古市・百舌鳥古墳群

2023年 2月18日　初版印刷
2023年 2月24日　初版発行

著　者　　住　谷　善　愼

発行者　　靏　井　忠　義

発 行 所　有限会社　青　垣　出　版
〒636-0246 奈良県磯城郡田原本町千代３８７の６
電話 0744-34-3838　Fax 0744-47-4625
e-mail　wanokuni@nifty.com

発 売 元　株式会社　星　雲　社
（共同出版社・流通責任出版社）
〒112-0005 東京都文京区水道１－３－３０
電話 03-3868-3275 Fax 03-3868-6588

印刷所　モリモト印刷株式会社

printed in Japan　　　　　ISBN 978-4-434-31695-1